悠活八斗子
生態之旅

王彙喬 著

五南圖書出版公司 印行

Preface
自 序

　　從未想過自己會跟八斗子的人、事、物，建立起這麼濃、這麼深的關係。這一切的緣分，應該就從四年前開始，當初懵懂地走進基隆區漁會，只想幫學生爭取實習的機會、建立一個合作的橋樑，卻在這過程中，開始了解在地漁獲、咕咾石屋的歷史、八斗人的情誼、豐富的沿岸景觀、多樣化的海洋休閒活動，以及八斗子過往的漁業榮景。

　　為何會對八斗子有這麼深入的認識呢？除了一開始就跟基隆區漁會有交集之外，又因緣際會接觸了教育部的大學社會責任實踐計畫（University Social Responsibility, USR），才得以在課程中真正地走入漁村，與八斗子漁村內的一切建立更深入的連結。起初為了能更了解這個靜謐漁村，開始逐一拜訪八斗子地區內的協會代表、店家、文物館，漸漸地了解這地方的美好，進而想把這地方的美介紹給大家。

　　執行大學社會責任實踐計畫與拜碼頭的過程中，我們認識了八斗子產業觀光促進會的藍理事長，由她帶領著我們了解八斗子的過往、當地居民才知道的望幽谷小徑、穿草鞋認識潮間帶的生物與植物，以及當地居民的信仰中心與傳說。接著認識了顧八斗協會的杜大姊，她對我們訴說著漁民向天討食的辛酸、每間咕咾石屋的故事以及舊時漁村如何歡度慶典活動，讓我們體會到漁民生活的甘苦與她那份想找回漁村過往點滴的堅持。這些美好的一切都記錄在書中，等著您挖掘。

　　這本書裡分為三個部分,有「解密走讀八斗子」、「八斗子非敗不可」與「八斗子必訪秘境」,帶著大家解讀八斗子的秘密,了解漁業、觀星看海、走訪咕咾石屋、認識傳統魚寮。當然不只有這樣而已,這邊的在地店家可是非常豐富且各具特色,有打國際盃的伴手禮、也有沒預約吃不到的漁村料理、還有積極轉型的漁村二代青創商店。我們還要帶大家上山下海,八斗子適合各種年齡層來做不同的休閒活動,這兒有海洋科技博物館、漁獲直銷中心、漁村文物館、豐富的海洋生物資源、全台保育最好的潮間帶、可以潛水、搭乘遊艇、帆船、休閒娛樂漁船出海……,都等著您來體會。

　　八斗子美好的故事只有這些嗎?這個答案是否定的,就由我們來帶路,由您來讓這趟遊程更加完整與美好。期待大家跟著我們的腳步認識八斗子,能更深入地認識這個地方的美、居民的好。

　　最後,由衷感謝海洋觀光管理學士學位學程的同學們跟著我一起上山下海,終能成就這本書。

王彙喬

2019 年 9 月

Contents
目　錄

PART **1** 解密走讀八斗子

01
基隆區漁會
——漁民的守護者

　　走進八斗子漁村，怎麼可以不先到基隆區漁會走走呢！

　　基隆區漁會矗立於八斗子漁村內，為靜謐的漁村帶動漁業經濟。

　　早期的八斗子以漁業為主，所以附近的產業鏈已發展得非常完備。造船廠、修船廠、漁獲加工廠、製冰場、交辦店等，但要了解八斗子的當季漁獲，就一定要好好認識漁會！

【基隆區漁會】
平 日 08:00－17:00
假 日 10:00－17:00
訂購專線：02-2469-5768
傳　真：02-2469-5736
基隆市環漁街5號
02－2469－5768

▲ 基隆八斗街上的基隆區漁會

基隆區漁會有兩個部門在販售漁獲，一個是漁會門市部，要買急速冷凍的本港漁獲或簡易加工的魚產品來這準沒錯；另一個是直銷中心，坐落在八斗子觀光漁港內，可供民眾挑選活跳跳的海產、品嚐海鮮料理、選購加工食品等。除了漁獲的供銷之外，漁會還為漁民提供了信用服務，協助漁民汰建或購置漁船、更新漁機設備以及漁船周轉貸款，以照顧漁民的生計。漁業永續經營及保育亦為漁會的要務之一，配合漁業署漁業資源保育推廣計畫，漁船到港時需配合過磅以秤量漁獲。

◀ 上一：基隆區漁會門市部、上二：漁獲過磅處
▼ 基隆外木山漁港新船下水丟麻薯儀式

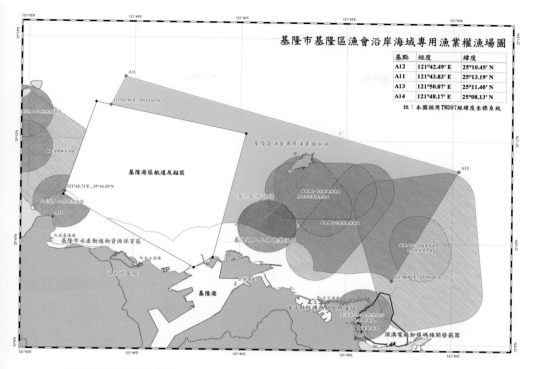

基隆市基隆區漁會沿岸海域專用漁業權漁場圖

基點	經度	緯度
A12	121°42.49' E	25°10.45' N
A11	121°43.83' E	25°13.19' N
A13	121°50.07' E	25°11.40' N
A14	121°48.17' E	25°08.13' N

註：本圖採用TWD97經緯度坐標系統

▲ 基隆區漁會專用漁業權
　資料來源：行政院農委會漁業署網站

　　「基隆區漁會」自民國六十四年漁會法修正後更名至今，由遠洋、近海、船員、以及船東等三大類會員組成。其管轄區域有望海巷漁港、長潭里漁港、八斗子漁港（八斗子泊區、碧砂泊區）、正濱漁港、外木山漁港、大武崙漁港。水域面積有68萬平方公尺，現有大小漁船及舢舨約有624艘，分散停泊於各漁港。然而，這區域內最具漁業經濟產值的區域，就是北方三島（彭佳嶼、棉花嶼、花瓶嶼）及基隆嶼海域，四季各含有豐富的魚類特色資源，為臺灣北部地區海域重要的漁場。

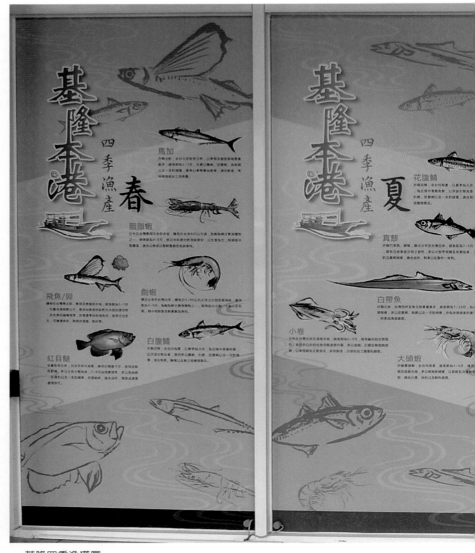

▲ 基隆四季漁獲圖

　　「南『東港黑鮪』，北『八斗子鎖管』」已經不是口號了。在漁業署、基隆區漁會及基隆市政府的推動下，鎖管季儼然已成為北部著名的休閒娛樂活動了。基隆沿近海水域在夏天時非常熱鬧，傍晚過後有鎖管季活動、夜釣白帶魚、海上導覽等，海上活動的愛好者，一定要來基隆好好體驗！

　　提到白帶魚，不知道大家是否有聽過俗稱「穿西裝」與「穿汗衫」的白帶魚呢？用一支釣的方式釣上岸的就是「穿西裝」白帶魚，漁民用釣竿釣一次釣一條，魚皮外表完整沒有受損，屬於高檔級；另外，用拖網或定置網捕獲的就是「穿汗衫」的白帶魚，因為每次捕獲的量大，魚皮可能受損或刮傷等，但魚肉的品質是一樣的，兩者間只有外觀上的不同而已。

▲ 上：基隆鎖管季體驗活動
　下：基隆鎖管季棒受網布網

為什麼八斗子越晚越好玩呢？港口旁一艘艘布滿集魚燈的漁船都是夜晚的捕魚的主角唷！因為基隆鎖管的適用魚法為燈火漁業的「焚寄網或棒受網」，燈火漁業泛指於夜間利用燈光吸引具趨光性之水產生物聚集後加以捕撈之漁業。一般來說，燈光越亮，可吸引之生物量越大。然而毫無限制地使用強光，容易造成無謂的燈光強度競爭、浪費能源，損害身體健康，更會破壞沿近海漁業資源。基隆這邊盛行的魚法還有限用浮延繩釣、底延繩釣、限用手釣、一支釣、限用籠具、限用單層刺網等，詳見基隆漁具漁法介紹表。

▼ 基隆漁具漁法介紹表

漁業種類	漁法	漁獲
延繩釣漁業	限用浮延繩釣、底延繩釣	鯖、赤鯮、紅鮒、紅目鰱
一支釣漁業	限用手釣、一支釣	白帶魚、花枝、鯖、紅目鰱、其他魚類
燈火漁業	限用焚寄網或棒受網	鎖管、鰹魚、剝皮魚
籠具漁業	限用籠具	鯛魚類、螃蟹
刺網漁業	限用單層刺網（網目不得低於 9.5 公分）	花身雞魚、鯛魚類、烏魚

　　基隆區漁會所轄漁場內的漁獲多屬家用魚，像花腹鯖、白腹鯖、紅目鰱、白帶魚、剝皮魚等。另外，家中餐桌上常吃到的蝦子也都是基隆特產，像是全身鮮紅的胭脂蝦、鼎泰豐小籠包專用的劍蝦，另外還有大頭蝦以及大明蝦。

　　最後要讓大家好好認識基隆八斗子飛魚卵的捕獲方法。臺灣東北部的飛魚在盛魚期時會離水滑翔數公尺，產卵時會將卵黏附在水面的漂浮物，所以這一帶的漁民在端午節前後外出捕魚時，會載草席出去並鋪設在海面上，等待飛魚下卵。捕完漁獲返港時，順便將布滿飛魚卵的草席收回。收回時會草席時會捲起來（俗稱草包），一來減少空間亦可保護飛魚卵，返回到港邊時，會放在碼頭曝曬、撿拾，一張張草席在碼頭曝曬時，也形成了八斗子最美麗的景色。整理好的飛魚卵可以販售給商家，做成鹽漬飛卵、飛魚卵香腸、熱炒等，這也算漁民的另類收穫吧！

　　對基隆漁獲有興趣的你，不妨來基隆八斗子漁港、基隆區漁會走一走，除了嚐鮮之外，您將會有不同的收穫唷！

▼ 八斗子飛魚卵曝曬

02

八斗子星晨碼頭
——乘浪、觀星、看日出的好地方

太平洋濱的璀璨星河、與基隆山巔的耀眼晨曦
交織成日與夜的無盡，追逐山與海的美麗邂逅
（取自昇鴻遊艇碼頭管理網頁）

八斗子除了大家熟知的漁港、漁村、觀光漁市場外，還有一個可以乘浪觀星看日出的好地方——星晨碼頭。想像著搭乘遊艇到海面上看星星、等待日出，多麼愜意呀！

　　臺灣八斗子漁港屬一級漁港，肩負著基隆地區漁船的停泊、裝卸、補給、維修以及魚獲的包裝配送等。隨著國人對於海上遊憩活動需求的提升，漁業署協助漁民朝多元性發展，漁船漸漸轉型為休閒娛樂漁船。其次，考量漁港所在區位特性，逐年規劃漁港轉型成為遊艇碼頭、規劃區域休閒活動所需之遊艇港，於是造就了八斗子星晨碼頭。

▼ 碼頭內停泊的重型帆船

八斗子漁港遊艇泊區於101年9月21日正式啓用，104年1月18日代管單位接手後，發現碼頭的藍夜與晨曦，即日與夜交替的美，故命名為星晨碼頭。八斗子星晨碼頭，現為北臺灣最大的遊艇碼頭，每年舉辦臺琉國際帆船賽的母港，國際海洋運動及文化交流的主要活動平臺。

近年來，大家因為所得的提升、週休二日的施行以及生活品質的提高，促使休閒、遊憩、觀光漸漸受到重視。另外，觀光遊憩活動越來越多樣化，致使陸上觀光

▲ 上一：八斗子星晨碼頭的基隆地標、
上二：星晨遊艇碼頭內一隅　　　　　▼ 獨木舟在浮碼頭整隊即將出發航行

已無法滿足遊客的需求，於是富有挑戰性的海洋觀光遊憩逐漸興盛，也帶動了遊艇活動的發展。星晨碼頭的代管單位——昇鴻建設開發股份有限公司，為拉近民眾與遊艇的距離，不只舉辦了北臺灣首創的精緻遊艇展，也連續數年舉行慈善航班、慈善盃海釣比賽、海鮮啤酒趴以及露營瘋等活動，逐漸帶動遊艇休閒風潮，也增進民眾對遊艇的認識。

　　隨著國民休閒旅遊需求的提升以及入境旅客的增加，遊憩活動多樣化發展的趨勢，海洋遊憩活動已成為臺灣觀光旅遊的主流。臺灣可進行的海洋遊憩活動種類亦非常多，例如潛水、衝浪、遊艇、海釣、帆船等，此均為臺灣發展觀光遊憩的重要資源。星晨碼頭也是一個可以進行海洋遊憩活動的好地方，有遊艇、海釣、帆船等。以下就由我們來為大家介紹怎麼在八斗子星晨碼頭進行海上遊憩活動。

　　炎炎夏日在海邊喝飲料，不管是參觀遊艇碼頭還是玩活動都棒透了！不用到國外也很有度假的感覺，水上活動有帆船、獨木舟、遊艇和SUP活動，這麼多水上娛樂交通工具齊聚一堂，都在八斗子星晨遊艇碼頭，活動期間或假日碼頭附近也有很多不同的攤位貨櫃，不定期展示各種海洋文創商品，還有各式胖卡販售異國小吃與咖啡。這就是在星晨碼頭的海洋遊憩活動的盛況！

▼ 帆船整備完成準備繞行港區出港　　　　▼ 個人型 SUP 玩家在港區內悠遊玩樂

如何搭乘遊艇出海？在遊艇上又有什麼娛樂活動？

首先，必須持有臺灣的遊艇駕駛執照才能自駕自有遊艇或租賃遊艇出海遊玩。沒有遊艇駕駛執照怎麼辦？可以報名星晨碼頭——昇鴻遊艇駕訓班，體驗親自駕駛遊艇的快感；當然也可以找專業的遊艇管家為您服務，帶您享受一趟悠活海洋之旅。

◀ 上：搭乘遊艇在海上的娛樂活動
　　下：搭乘遊艇進行悠遊海洋之旅

▼ 搭乘遊艇從海上看象鼻岩

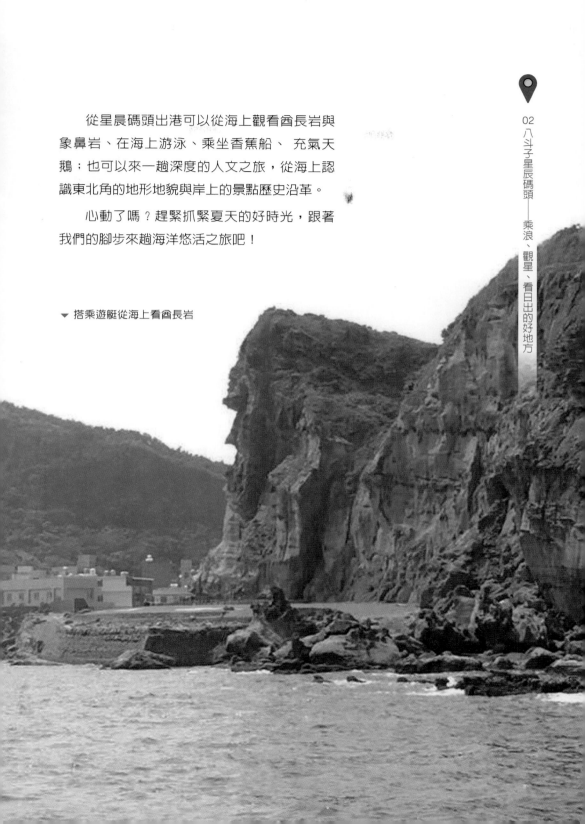

　　從星晨碼頭出港可以從海上觀看酋長岩與象鼻岩、在海上游泳、乘坐香蕉船、充氣天鵝；也可以來一趟深度的人文之旅，從海上認識東北角的地形地貌與岸上的景點歷史沿革。

　　心動了嗎？趕緊抓緊夏天的好時光，跟著我們的腳步來趟海洋悠活之旅吧！

▼ 搭乘遊艇從海上看酋長岩

03
八斗子漁村文物館
——漁村文物的守護者

走進八斗子漁村，蜿蜒的巷弄中有一棟不起眼的房子，一樓掛著用漂流木製成的牌子「八斗子漁村文物館」、救生圈、浮球、大漁旗等裝飾品，但這卻是創辦人許焜山先生對八斗子漁村的愛以及滿滿的回憶。

「八斗子漁村文物館」是由許焜山先生創立，平時由兩位館長負責解說及看顧，分別是藍紹芸小姐及沈得隆大哥。這裡也是國立臺灣海洋大學漁業相關課程的最佳解說場域，為許多老師講解漁村相關課程時的必訪之地。

◀ 八斗子漁村文物館

▲ 早期漁獲帳冊及算盤

一走進文物館，立刻就被裡面形色各異的船隻模型給吸引，並不寬敞的空間卻承載著滿滿的歷史氣息，透過沈得隆大哥的解說，對於不了解的文物功用豁然開朗，也知曉許多曾在海上奮鬥的人們，所譜出的那一篇篇驚心動魄的故事，帶給我們一場格外不同的新奇體驗！

這兒讓我印象深刻的文物是蓑衣，我以為只有農村才會出現蓑衣，沒想到竟然在這裡發現了。另外，那些老舊算盤和記錄著當時買賣漁獲的帳本，雖沒有文字介紹，卻仍可以讓人感受到濃濃的時代感，取代這些算盤的是計算機，帳本上的毛筆字也成為較方便的原子筆。隨著時代的演進，許多東西也變得跟以前不一樣，但以前的樣子永遠都會存在於你我的心中。

▼ 漁民的蓑衣

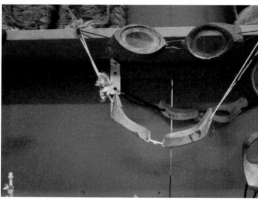

仰頭一看，牆上掛著顯目卻不常見的「大漁旗」，紅色黃色藍色加上兩隻躍出水面的魚，承載著對新船的祝福與漁民的冀望。儘管現在八斗子漁村已少見新船，傳統漁業也逐漸沒落，依然有許多人為保存地方文化而努力，相信總有一天，漁村的魅力也會像大漁旗的祝福一樣，得到越來越多人的關注與喜愛。

過去辛勤的漁夫得站在船頭衝鋒陷陣，與滔滔海浪和反叛魚兒們搏鬥，三叉戟拿著拿著，很可能也跟著跌入海中，因此當年鏢中旗魚的男兒，堪稱為海上勇士。這樣的鏢旗魚文化已走入歷史，卻也是個獨特的捕魚文化。除此之外，還有許多不同的船隻，以及各類船隻相關用具、漁法的介紹。八斗子隨著建港以及時代演進，碰上不同的問題，漁村文化也跟著不斷變化。面對漁業經營困難，為了促進環境和諧，創新思維，積極轉型提升競爭力是當今進步的原動力。

這是一間自給自足的漁村文物館，您可以隨心進來參訪，不收導覽費。這兒的任何一個展品、畫作、物件，都是許焜山先生的收集品，甚至是沈得隆大哥自行創作的圖畫。為了將漁村的一點一滴保留下來，八斗子漁村文物館也有出刊書籍——《東北風》，目前已經發行到第十期了。您到此走訪的同時，如果有興趣也可以購買《東北風》或相關文創物品以支持文物館永續經營唷！

這邊，過去的漁業歷史正小心地被保存著，然而也需要有人來關心他、愛護他、保存他，而這就是許焜山先生的用心。對於海洋文化、漁業歷史有興趣的你，八斗子漁村文化館是您深度旅遊的好選擇，歡迎您也來走一走！

	3
1	4
	5
2	6

◄ 1 漁船上的大漁旗
2 海膽裝飾小物
3 漁民採集海菜時所穿的草鞋
4 潛水用的木製蛙鏡
5 各種漁船模型
6 早期漁民所用的各種漁具

04

顧八斗協會
——漁村精神的傳遞

守護從小的記憶——父親與漁村的興衰。

「看著上一代辛辛苦苦的打拚，卻沒有留下任何東西。

所以，我一直在想，該怎麼去留下些什麼給下一代。」

顧八斗協會杜秀蓮理事長語重心長地說道。

▼ 顧八斗協會外觀照片

顧八斗協會，這是一個八斗子社區營造的基地，從2016年開始到今天已經是第三年了，說起這協會創立的緣由，全是因為一本期刊——《東北風》當中的一篇文章，由理事長親自投稿，描述她父親一位討海人一生的傳奇。也正是這篇文章使得理事長開始思考，對於一個漁民甚至一個漁村可以留給後代子孫的「遺產」。

杜理事長說：「漁民跟農民不同的是，漁民所賺的錢會投資買更大的漁船，而不是買更多的地，隨著科技的進步漁民因為過漁的問題，收入每況愈下。理事長認為這是很嚴重的問題，失去捕魚的生計，八斗子這個漁村早晚會面臨消失的危機。」

2016年基隆市政府允許以個人的名義組織社團，於是最早的顧八斗協會（當時以理事長的個人名義申辦）便在福靈宮下面成立了，儘管是為了社區的發展，但一路上卻不是諸事順遂，當中最嚴重的問題就是人手不足，從開辦至今始終只有理事長一人還沒有一個團隊出現，這讓理事長一路走來是加倍艱辛，幸好附近的八斗高中校長相挺，以及八斗子漁村文物館的館長傾力支持，才讓協會得以堅持下去。

◀ 八斗高中同學參與協會活動

　　然而在這看似一帆風順要步入正軌時，福靈宮下面的基地卻不再借用了，這讓理事長一度想放棄這艱苦的任務，不過憑藉著討海人不畏艱苦不服輸的個性，幸好還有父親留下的魚寮，這對理事長而言不僅是一個重新出發的基地，更是一切根源的起始，經過一番整修，成了現今協會的地點，繼續堅持這為了使八斗子延續下去的任務。

　　從最開始社區營造到現在社區規劃，理事長說除了文物、記憶與故事的保存，現今希望能連北部唯一的咕咾石屋都能保存下來，從無形的事物到有形的事物的維護，舉辦了諸多社區內的再造活動。

　　於是理事長在工作之餘，開始在此做一些為了使社區環境更美好的活動，像是上次刷油漆，而我們這次來恰巧是做畫框。

　　現階段活動大多是在平日，所以基本上都是附近的里民及八斗高中的學生來參與，未來也希望能在假日舉辦一些活動，邀請遊客及附近的人們來共襄盛舉。

◀ 美化環境中油圍牆油漆活動

▼ 協會活動照片　　　　　　　　▼ 美化環境設計畫框活動

　　近期杜理事長也著手發行社區繪本，借鏡於後埤社區發展協會與鄰近國小進行合作，配合鄉土教育課程，耆老們帶著繪本來到國小，分享在地知識與記憶，當起「故事阿公」、「故事阿嬤」，將繪本作為教材。今年度顧八斗協會與八斗高中合作的咕咾厝記錄學習營，學生從無到有的學習歷程，耆老訪談、逐字稿、構思故事、繪畫、文字寫作、編輯排版等。歷經一個學期的努力，希望能將繪本結合劇場，一方面讓耆老們直接演出自身故事，另一方面也以戲劇方式呈現傳統文化，將漁村記憶傳承給下一代。

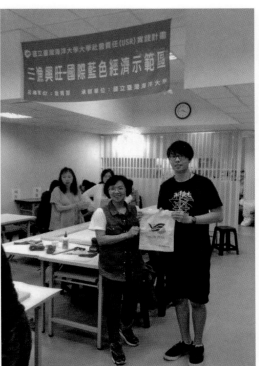

▲ 協會參與海大 USR 計畫照片
◀ 106 年八斗中遊社規師成果表彰證書

　　雖然這些看似令大家皆大歡喜的活動卻讓理事長吃足了苦頭，因為許多事要批准，所以理事長親自跑了許多公文，附近中油的那面牆，也是親自找中油主管簽名取得使用權的。儘管辛苦，但為了八斗子她卻毫無怨言，只希望未來遊客不單單只是去望幽谷（忘憂谷）、海科館這些外圍的景點，而是進入真正的八斗子漁村裡，觀賞硓砧厝了解古人蓋房子的智慧，理事長特別提醒福靈宮才是真正漁民所參拜的土地公，而外圍的福清宮則是從前的礦工所參拜的，讓八斗子不再是外人眼中落沒的漁村，而是擁有故事、歷史與活力的地方。

05

基隆市八斗子產業觀光促進會
——八斗子的說書人

來到八斗子常看到路上有人在曬一種可以做成石花凍的海藻。

到了八斗子常聽人說，沒玩過「藻樂趣」就白來了。

這個「樂趣」要怎麼「藻」呢？

原來是早期漁村婦女的自給自足活動，本著靠海吃海的本能，到附近海岸的潮間帶採集海菜。然因潮間帶多潮溼且不易行走，漁村婦女遂穿著草鞋進行採集，竟發現用稻草做的草鞋可以防滑。近年來，因休閒意識抬頭，以及八斗子社造活動的推廣下，漁村特色漸漸興起，於是由「基隆市八斗子產業觀光促進會」創立的「八斗子藻樂趣」蔚然形成八斗子的招牌活動。

▼ 八斗子產業觀光促進會
帶領臺海大學生踏查八斗子

「基隆市八斗子產業觀光促進會」的理事長藍麗齡女士，一位八斗子漁村土生土長的親切大姊，我們都稱她「藍大姊」。藍理事長小時家裡也有漁船，家中的男丁爸爸跟哥哥都到海上討生活，每每太陽下山時，她都跟著媽媽與妹妹一起到漁港附近的高地望著自家漁船，不是看今日的漁獲多寡，而是一種殷切盼望家人安全返港的思念。天公不做美，有次藍理事長家的漁船因海上風浪過大，致使漁船翻覆，家人到港口邊只撿拾到船上的器具，望不見爸爸與哥哥。吉人自有天相，隔幾日後，藍理事長的爸爸與哥哥都平安獲救。也因為這樣藍理事長家不再從事捕魚了，轉而經營「魚寮」，正因為這樣我們才有「魚寮」可以參觀。但基於守護漁村的信念一直縈繞在藍理事長的心中，所以一步一步地她走進了社造、多元就業計畫，奠下了推廣八斗子導覽解說基礎，進而發展出「藻樂趣」、「趴手網」、「一夜干」等體驗活動。

每每看到藍大姊，她臉上總掛著親切的笑容，像似她的招牌Logo般。就讓我們來了解基隆市八斗子產業觀光促進會。

藍麗齡女士說道中年時從職場回歸家庭，偶而接觸社造導覽解說課，當時想我是蠢於言

▲ 藍麗齡大姊解說八斗子社區時的活潑樣貌

詞、笨於表達、劣於文筆實在不適合當解說員，但是社造老師說媽媽是每個家庭最佳解說員，「當你在講故事給孩子聽時你就是在解說了」，及「在地人說在地事」的鼓勵，於是在90年進入雞籠文史協進會開始學解說，還做了一個夢想把八斗子推出去。時光飛逝，默默地從90幾年開始辦活動到現在。

▲ 八斗子海岸穿草鞋藻樂趣　　　　▲ 扒手網活動

接下來就由我們來記錄一下基隆市八斗子產業觀光促進會的獨門活動——「藻樂趣」、「扒手網」、「走訪魚寮」、「一夜干」來讓大家認識。

藻樂趣——體驗漁村婦女著草鞋採集海菜

大家穿著稻草編織的草鞋，到望幽谷（忘憂谷）下方的大坪海岸體驗大自然的美景、體驗採集海菜。

扒手網——撒網捕魚的技能

早期漁民在沿岸捕魚的一種特殊漁法，每個人技術不同，看誰能將魚網拋撒出去後，將網子攤開，捕到最多的魚。

旅行發現的生活智慧

基隆市八斗子產業觀光促進會歷年發展與活動紀錄

93年獲觀光局頒發熱心推廣觀光事業獎。

95～99年規劃執行青輔會遊學臺灣活動，推出「夏夜訪鎖管—基隆海都生活體驗營」、「雞籠夜未眠—中元祭探索團」活動。

民國99年12月底結合文化工作者及關心社區的人士，成立「基隆市八斗子產業觀光促進會」，以八斗子發展為主軸，尊重土地倫理，突顯地區產業特色，帶動八斗子人文生態旅遊風潮，懷抱著再造家鄉榮景的理想，希望讓美麗的家鄉文化更貼近大家的視野，使更多人認識、體會八斗子山海之美。

100～107年規劃執行教育部壯遊臺灣活動，推出「藻到和平島—基隆漁鄉生活體驗營」、「八斗子藻樂趣」。

▲ 傳統魚寮作業方式　　　　　　　　▲ 一夜干完成圖

走訪魚寮──早期傳統漁獲加工產業

　　探訪藍大姊的娘家──正忠魚寮行，八斗子內唯一僅存三家魚寮的其中一間。魚寮作業時，可以聞到陣陣的鮮甜海味，每天上午先將漁獲解凍整理，中午到下午三點開始進行燙煮，瀝乾後再依大小分裝送到崁仔頂漁市批發販售。

「一夜干」──保存漁獲的特殊方法

　　就是用鹽醃製漁獲，歷經一夜風乾，一起來曬魚乾唷！通常會使用竹夾魚、透抽來作為一夜干的材料。

　　為八斗子打拚的人很多、八斗子裡好玩的活動也很多，歡迎大家一起來體驗、一起來了解於漁村的美。

　　104年獲教育部頒發青年壯遊點績優獎。

　　102～105年規劃執行勞動部多元就業計畫，推廣的主題有識八斗、惜八斗、展八斗到迎接海科館開館，培訓解說員執行八斗子體驗活動，從海洋文化、海鮮美食、地景、產業加上穿草鞋走在潮間帶摘海藻體驗及海藻DIY卡片、趴手網體驗受到大眾的喜愛，104年有達到當年6千人次參加。這幾年有很多朋友因參加活動認識八斗子，也自行帶來更多親友到訪八斗子，這是我們樂見的。

　　107年因緣際會下開始和國立臺灣海洋大學合作，帶領海洋觀光管理學系同學了解八斗子，培育同學成為種子領隊。培育導覽員體驗營活動包含認識魚寮、踏查望幽谷（忘憂谷）秘境、認識原生種植物、體驗藻樂趣。期待藉由活動的參與，學生們可以漸漸愛上基隆這塊土地與人文，進而留在基隆發展，深耕基隆。

06
魚寮
——先人智慧的保存

漁村內鮮味的來源，也是先人保存漁獲的方法，從前基隆沿近海捕撈的漁獲回港後，在沒有冰箱可以將魚保鮮，也沒有便利的交通可以將新鮮的漁獲快速運送到市區甚至是大臺北地區，因而發展出的傳統產業。八斗子最最最在地的傳統產業，從前時代最繁榮、最重要的產業之一，現在卻已漸不為人知的隱藏在八斗子巷弄間的魚寮。

◀ 魚寮內部

▶ 漁獲分類撿拾整理

▼ 丁香解凍

　　八斗子目前僅存三間魚寮，其中一間就是「八斗子產業觀光促進會」藍麗齡理事長的娘家。

　　現在就由我們來解說魚寮的作業方式吧！在漁船上的魚獲會先冷凍在船上的冰箱，再送回港口，而來到魚寮的魚獲都是結凍的狀態。所以首先要先將魚獲置於室溫之中，使其慢慢自然解凍。

　　接著把剛解凍好的魚獲清洗乾淨，再來就是將魚獲加鹽煮熟。在煮鍋內加入水加熱，然後將魚倒入，並加入大量的鹽一起煮（早期是使用海水加熱烹煮），加鹽的目的是為了延長保存期限，以及保持漁獲內部與外部的等滲透壓，這樣所鎖管跟小卷的皮才不會破，外表才能維持粉嫩粉嫩。

▲ 上：等待汆燙的小卷及大煮鍋　　　▲ 汆燙丁香
　　下：汆燙後的小卷

　　也因為漁獲的保存是藉由汆燙煮熟的方式，所以魚寮內的工作環境非常高溫且潮溼，不論四季，都必須忍受漁獲解凍清洗時的低溫、高溫烹煮所產生的熱氣、以及肆意飄散的海鮮味等。

　　接著用飯籬將煮熟的魚撈起後，飯籬一簍簍地置於木架或鐵架上並以風扇吹晾乾。等晾乾後再包裝送至魚市場販賣。通常魚寮都是中午12點～下午3點進行煮鍋作業，下午晾乾及包裝後，半夜送往基隆的崁仔頂魚市販售。

　　魚寮內的主作業器具有大煮鍋、飯籬與木架，因為持續處於在高溫及潮溼的環境，使用的器具以木材或竹子製品反而較不易損壞，所以魚寮內充滿木製的屋頂及器材。

▲ 瀝乾丁香

▲ 上：小卷上架瀝乾
　　下：整理好的四破魚

　　早年缺乏冷藏設備，漁船返回港口卸下的漁獲，常見的整尾家用魚或片狀的鮭魚、鱈魚就送到市場販售，數量大、小型且不常食用魚就送到港邊的魚寮，煮熟後曝曬或風乾，就可以保存較久。現今基隆魚寮中常處理的漁獲有三種，分別是四破魚、小卷以及丁香魚。

　　這次跟著藍大姊參觀魚寮，才知道漁獲加工背後的辛苦，而如今這些傳統產業沒落，加上沒有人願意接手這工藝，所以在魚寮內工作的女工們，都是上了年紀的婆婆媽媽們，他們從年輕時代就一路做到現在，或者是一些在臺灣不方便找到工作的外配們。時代不斷地進步，目前的魚寮仍保有著古早的作法，為漁村保留著那份鮮甜的味道。

07

咕咾石屋
——八斗子的堡壘

　　說起咕咾石屋，許多人第一時間想起的必定是澎湖吧！
殊不知，在臺灣本島上的八斗子，也有咕咾石屋。

　　隱藏於八斗子漁村中的咕咾石屋，當初探訪時可花費了
不少時間與精力，第一次來的時候，對於它確切的位置，也
不是非常的明白，幸好請教了萬善祠的廟公，讓他領著我們
在這亂似迷宮的巷弄中找尋咕咾石屋。

　　走進八斗子漁村後，沿著八斗公萬善祠前的路走一小段
後，就會看到圖片中那棟粉紅色的公寓，旁邊的一條小巷子
就是咕咾石屋的入口處。

▼ 八斗公萬善祠→漁村巷弄→咕咾石屋入口處

唔咾石屋現況

▲ 咕咾石

　　那就先來認識咕咾石吧！咕咾石，前身是珊瑚礁，是早期居民重要的建料，珊瑚的英文名稱為Coral，發音近似河洛語的咾咕，咕咾石即由此得名。幾經口耳相傳到現在，「咕咾」已是混用的狀態，當地居民則是稱其為「咾咕厝（臺語）」。

　　不僅只屬於澎湖，八斗子的漁村聚落也還保留著美麗的咕咾石屋，用咕咾石堆疊起來組成牆壁，其凹凸皺褶犬牙交錯，珊瑚礁跟珊瑚礁中間的縫隙再用貝殼或珊瑚礁燒製而成的石灰來黏結，冬暖夏涼，而屋頂因為重量的問題，不採用咕咾石而是使用的瓦片。

◀ 牆面傾倒的咕咾石屋

▼ 咕咾石屋的牆面

在咕咾石屋的建造上，其實還有漳州泉州之分，漳州的有兩扇門，泉州的僅有一扇，而當時在八斗子附近僅有八斗子為泉州過來的移民，其餘皆為漳州移民，也因此，在漳泉械鬥時，八斗子還差點被滅村。

為何當時會選擇用咕咾石來建造房子，大家應該都很好奇吧？為此，我們特別請教了顧八斗協會的杜秀蓮理事長。原來這是因為百年前紅磚的價格是非常昂貴的，只有富人才會使用紅磚來蓋房子。所以，當地人才會就地取材，使用咕咾石來作為房子的建材。另外一個說法，就是「靠山吃山，靠海吃海」，漁民物盡其用，就用海邊的珊瑚礁蓋房子。

而在建造珊瑚礁屋時，多半還會在珊瑚礁上用石灰修飾，就像女生化妝上粉底。左下圖就是有抹粉的石牆。

▲ 上：荒廢的咕咾石屋
　　下：抹粉的咕咾石牆

　　看完了這些圖片，是不是跟想像中的珊瑚礁屋有所不同呢？其實，這裡的珊瑚礁屋會如此殘破不堪，得歸咎於財產權上，因為珊瑚礁屋的土地及房屋的所有權，都是由不同人所持有，因此，就算當地的顧八斗協會努力地想要去維護這些古蹟，也因為這複雜的所有權關係，難以下手。珊瑚礁屋就這麼一座接一座的倒塌。

　　為此，顧八斗協會與國立臺灣海洋大學的師生提出一個壯舉——「清咕咾厝活動」，由當地的居民跟國立臺灣海洋大學的師生一起整理咕咾石屋，由顧八斗協會挑選比較不具爭議的咕咾石屋，請他們同意讓顧八斗協會帶人進去作整理與清掃，並維護這些房子。這些咕咾石屋都是八斗子漁村的重要財產，是前人留下來的根，我們必須好好的珍惜，不能讓它如此輕易的逝去。

▼ 傾毀的咕咾石屋

PART 2 八斗子非敗不可

01

八斗邀友善餐廳──
友善人與自然、
在地化經營、自我理念落實

一間座落於八斗子漁村內、海洋科技博物館旁的餐廳。這是一間很有理念的、有所堅持的餐廳，所以經營人與夥伴都很重要。

首先，我們先來介紹一下「八斗邀友善餐廳」和可愛的老闆娘以及他的夥伴們～八斗邀友善餐廳名字的由來是取自「肚子餓」的臺語諧音，除此之外還有一個特殊的意義，那就是「八斗子邀請大家一起來吃飯」，而友善是因為這間餐廳致力於使用友善的食材，並且不使用一次性的餐具，友善也不只是友環境方面，對人、寵物、小朋友都非常歡迎！

戴秀真老闆娘是位很健談又很可愛的女生，在等待餐點的時候也和老闆娘聊了很多，一開始就問了最好奇的問題，為什麼老闆娘會選擇在八斗子開餐廳而不是去別的更熱鬧的點呢？老闆娘簡單地說出了「因為情感」，這四個字雖然簡單卻意義深遠，原來老闆娘是國立臺灣海洋大學的畢業校友，他的許多朋友們也都選擇留在八斗子這個地方，在各種因緣際會之下，和另外兩位同伴們一起創立了「八斗邀友善餐廳」、「阿里棒棒」和「臺灣風土，在地精釀」三個品牌以及一個實體餐廳。

因為對食材的友善，所以堅持「零剩食」。所以，要來八斗邀友善餐廳之前有一個超級重要的秘密任務要先進行，那就是要先提早訂餐！如果沒有先進行這個秘密任務的話，很容易就會撲空了或者只能享用「飛魚卵水餃」而已。所以記得最少4小時以前就要先打電話或是在粉專聯絡老闆娘訂餐喔，如果你早就已經決定要來這裡朝聖的話，也可以先提早好幾天預訂喔！

顯眼、友善的餐廳外觀深深地所吸引了我的目光！是不是有很悠閒、清幽的感覺？餐廳外擺設著一個小白板，上面畫了可愛的小插畫，令人感到親切。

招牌上寫著大大的「八斗邀友善餐廳」，非常的顯眼卻又不失質感！

▼ 八斗邀友善餐廳

▼ 八斗邀餐廳外的小白板

▲ 餐廳內一隅
◀ 餐廳內的伴手禮儲架

　　進入餐廳後果然也沒讓人失望，擺設、裝潢跟配色都很簡單卻給人一種溫馨的感覺，就好像回到家吃飯一樣非常地親切。一進餐廳看到的就是明亮且乾淨的開放廚房，由於餐點的都是非常健康的，並沒有油炸品，所以開放廚房並不會產生油煙，可以給客人很優良的用餐環境。

　　一進餐廳就可以看到一個展示架，上面不只擺了餐廳的特色啤酒及飲品，也放了八斗子的導覽三折頁與八斗子附近觀光景點的地圖，可以提供來給用餐的客人或是經過的旅客。

觀光導覽地圖除了中文以外，還有英文、日文、韓文，分成那麼多種語言的原因是，老闆娘覺得先準備了就會有客人來，且近幾年越來越多背包客、香港人、日本人跟韓國人來玩。當準備好不同語言的觀光地圖，就可以輕鬆迎接不同國家的客人，旅客也會覺得開心很溫暖，而不是等不同語言的客人來了才開始準備不同語言的觀光地圖。

▲ 八斗邀餐廳自製多語導覽地圖

　　這裡是座位區，由於我們是平日的下午來所以客人較少，假日的時候老闆娘可是會非常忙碌的！

　　這間餐廳最神祕的地方就是，這裡是沒有菜單的喔，這就是剛剛說的秘密任務，提早訂餐的目的就是讓老闆娘有時間去採買最新鮮的食材，也因為這樣，所以每天的菜單可能會有所不同，或者是因為季節的不同而有不同的魚種，所以到了現場你才會知道今天有什麼餐點喔！

　　點完餐之後老闆娘就會放上基隆市政府製作的特色桌墊，在桌墊上面印的是各種季節可以捕到的漁獲，透過照片和底下的文字介紹，讓大家一邊吃飯的同時，也增進不少漁業知識。

▲ 上：餐廳內用餐區
　 下：餐桌上的特色桌墊

這回介紹兩份特色餐點，分別是烤魚和烤透抽！

在上主餐前，會附一碗湯品，今天的湯品是蘿蔔魚丸湯！較大顆的是飛魚卵丸子，裡面包著滿滿的飛魚卵！在吃的時候要小心噴出飛魚卵不要燙到喔。

接下來就輪到重頭戲啦！第一樣餐點是烤魚，這條魚是八斗子當地捕獲的白腹鯖，因為新鮮所以用烤的就可襯托出魚的鮮甜，熱熱的烤魚配上鮮甜的蔬菜再加上在地製作的飛魚卵香腸，真的是絕配呢！餐點的口味非常的自然，老闆娘說：「吃食物就是要吃食材的原味，而不是放過多的調味料，這樣不僅吃的健康，也才吃得出食物的新鮮與美味。」

另一份餐點就是烤透抽，透抽也是基隆本港掛保證的漁獲，係用棒受網的方式捕撈。烤過的透抽散發出吸引人的海味與鮮味，當透抽一入口的那一瞬間，鮮甜多汁的美味一併在嘴中迸開，可見著個透抽是多麼的新鮮呀！搭配的蔬菜也非常的好吃，並不會煮得過於軟爛，飛魚卵香腸的大小也非常容易入口，方便食用。

◀ 上：蘿蔔魚丸湯
　 中：主餐——白腹鯖魚
　 下：主餐——透抽

▲ 主餐的配角──小鷗米與醜食

　　但就在我們準備開始享用餐點時，老闆娘走到桌邊來，開始一一向我們介紹今天兩樣餐點的食材。首先，八斗邀餐廳所用的白米有個很可愛的名字──「小鷗米」，之所以叫小鷗米的原因是因為小鷗米是以友善環境的方式來種植的，當田裡有小鳥築巢時，農夫們並不會將小鳥趕走，他們希望稻子可以在生態平衡的情況下生長，「鷗」這個字就是把小鳥留下來的意思。連米飯都可以著麼講究，真的是讓小太陽感到非常的佩服！

　　除了米以外還有介紹蔬果喔！餐廳內的蔬果都是向市場菜販買的「醜蔬果」，醜蔬果字面上的意思就是長的不好看的蔬果，例如：長得彎曲的小黃瓜，而老闆娘使用醜蔬果的原因是因為醜蔬果雖然長得醜，形狀不好看、外表也有蟲吃的痕跡，但醜蔬果並不是壞掉不能吃的，它還是跟正常的蔬果一樣有營養價值，而且蟲會去吃代表這個蔬果是非常新鮮乾淨的。由於這些醜蔬果有著奇形怪狀的外表，所以老闆娘在處理時必須更加的費心與費時，我們一定要好好珍惜在盤中的每樣食物，這些可都是老闆娘的愛心與用心呢！

　　魚跟透抽也是老闆娘直接向漁船購買的，老闆娘堅持魚跟透抽都必須非常新鮮，漁獲新不新鮮很容易吃出來，而餐點需要預約也是因為這個原因，訂多少餐老闆娘就準備多少魚跟透抽，這樣不僅不浪費食材，也可以讓顧客吃到最美味新鮮的餐點。

　　吃飯吃到最後難免會口渴，每份特色餐點都會附上一杯飲料喔！會有兩種飲料可以選擇，分別是紅茶跟咖啡。這裡的紅茶很特別，許多餐廳的飲料可能是提早泡好或煮好的，但是這裡的紅茶都是現泡的喔，直接用茶壺裝到顧客面前，香氣十足呢！

　　除了紅茶之外，這裡的咖啡也是現煮的黑咖啡喔！喜歡喝咖啡的人也可以來這裡嘗試一下，咖啡剛煮好時的香氣充滿了整間餐廳。老闆娘說在喝這咖啡之前一定要先喝口水，這樣咖啡喝起來才會是甜的！

這裡真的是一個很不一樣的餐廳，有著最樸實最健康的餐點，可是其實特別的不僅僅是這些餐點而已，其中的故事還有理念更是令人感動。老闆娘真的是一位很親切、又有想法的人唷！一定很歡迎大家的來訪，如果你今天來八斗子玩，如果你今天剛剛好就在海科館附近，如果你今天不小心路過，踏進來看看吧！

▼ 餐後與廚娘的合照圖

02

食之飴──
漁村二代的堅持與信念

　　「食之飴」，位於往八斗子公園及望幽谷（忘憂谷）的路邊，一開始看到「食之飴」，可能會以為他是賣糖果的，像新港飴之類的，但其實不是，他們是以海鮮為主，裡面所賣的商品都是自家漁船的所捕的漁獲，店內其他自製的文創商品也都是和在地文化做結合的。

　　「食之飴」，全名食之飴商行，諧音「十隻魚」，有豐收、種類多的意思，「飴」這個字，是取他的字形，食在臺灣，認為做這件事是甘之如飴的。老闆是漁業的第二代，他想要推廣「吃在地」，老闆娘覺得在生活還能維持的狀況下，幫先生圓個夢也無妨，因此有了食之飴。

▼ 食之飴商店外觀

▲ 食之飴櫃檯與工作後臺
▶ 店內所有合格標章

一開始從蘿蔔糕、小卷、透抽做起，希望一切合法，於是將商品送驗認證、店家名字登記、保產品責任險等。

老闆娘想做的是在地漁業，但又有別於傳統漁業。他們想要讓消費者知道他們不只是路邊賣魚的，不是那種今天擺攤明天就找不到人，而是希望消費者對他們有信心，能找的到他們並向他們詢問問題，甚至是烹煮的方式。

其實一開始只想賣小卷，但是面臨了許多問題，比如說要一個客人買到兩千元的小卷，達成免運實在是太難了。於是因應客人需求，開始販售多樣化的漁獲。但過了一陣子之後，老闆和老闆娘開始思考當初開店的初衷，原本是想做在地事業，怎麼四不像了。於是轉型只賣本地漁船才有的漁獲，作出高品質，並與普通的大盤商做出市場區隔。

▲ 上：自家漁船的縮小版模型
　下：小卷及飛魚卵蘿蔔糕

創業一直來都這麼一帆風順嗎？其實不然呀！老闆娘提及一開始和漁船的合作過程中也曾經遇到的困難。店裡漁獲的收購流程是：請合作的漁船在船上直接將漁獲分裝進小盒子（一定大小以下的請放生回海裡）、急速冷凍，這樣等到陸地上就不需要再加工一次，讓消費者安心。這和普通漁獲收購大盤商不同的是，只要是合作的漁船，無論今天捕了多少，只要符合體型標準，不管多少都收，不管是甚麼種類都收，甚至比普通大盤商的收購價還高。也因為這樣，致使漁民不信任，第一艘合作漁船其實是老闆的爸爸，捕魚捕了一生，賣給大盤商是亙古不變的日常。這些他眼中的「小孩」想做的事是多麼虛無，多麼令人懷疑。經過一番漫長的努力、建立雙方信任關係，現在穩定合作的漁船增至三艘。

解決了漁獲的來源，如何研發獨特的產品呢？

老闆娘的媽媽是一名慣於自己下廚的客家人，自小以米食文化為主，在想新產品時，自然而然的就把自小最習慣的味道和最想推廣的海鮮結合在一起了。一開始研發的時候淘汰了很多，因為海鮮跟蘿蔔糕的搭配，味道既不能太違和，也不能太普通。經過很長一段時間的研發，身邊的親友已經對蘿蔔糕敬謝不敏了。

那段時光老闆娘印象很深刻的是，有一次她跟老闆拿著蘿蔔糕去港邊餵魚，一邊往水裡丟一邊掉眼淚，丟掉的不只是錢（蘿蔔糕材料用的是有水上黃金之稱的飛魚卵），還有滿滿的心血。

再加上他們的蘿蔔糕不加安定劑、防腐劑、抗凍劑，所以客人問他們蘿蔔糕可不可以跟海鮮一起寄，省運費，答案是不行。因為蘿蔔糕沒有加抗凍劑，冷凍的話會變質。

再加上基隆的遊客像是被規定晚上一定要逛基隆廟口，冷凍的海鮮和天然的蘿蔔糕沒有辦法撐過漫長的逛街時間，因此老闆和老闆娘才會想要研發化石燒，常溫又可以帶著走。從此之後他們的產品定位朝向紀念品的方向走。

化石燒的研發成本包括製作的機器，還有對於最佳麵糊比例的嘗試。製作的機器其實就是個上下加熱的爐子而已，在日本北海道已經非常普及，普及率像是臺灣做紅豆餅的爐子一樣。

市售的化石燒海鮮普遍有醃製過，日本是因為飲食文化，臺灣是因為海鮮等級沒那麼高，而用醃漬來掩蓋。老闆家的化石燒沒有文化束縛、海鮮等級是漁船直送，因此不調味、不醃漬！

這兒的化石燒名字很威武唷！分別為「霸王卷」、「金多蝦」，依字意推敲霸王卷就是用小卷製成；金多蝦就是用蝦子製成，為了符合更多人的需求，還有綜合化石燒、小卷原型燒等。

▼ 化石燒

▲ 文創商品區

　　此外，一進門的左邊，全部都是文創商品，老闆娘說，
他們商店裡的紀念品全部都是跟基隆有關，像是鑰匙圈是
用真的假餌去做的，袋子上面印的圖案是海女採石花凍。
他們想要做的是，你來這間店看到的東西都是跟八斗子有
關，是真真實實擺在你眼前，可以用自己的眼睛看到的
海，而不是去追尋相機裡的地中海、愛琴海。

▲ 自己嘗試煎的蘿蔔糕

▼ 沒洗藥水的蝦子（其實真的不好看）

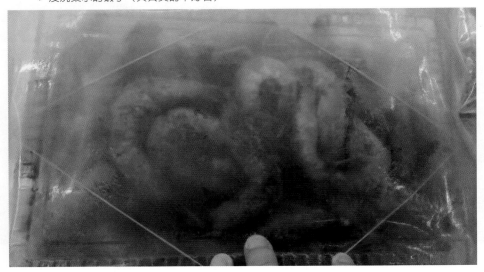

▲ 與可愛老闆娘的合照

　　離開時帶了飛魚卵蘿蔔糕回家自己煎，外皮酥脆，裡面
軟嫩，一口咬下，滿滿的小卷及飛魚卵，果真真材實料！

　　與老闆娘的訪談中，讓我們更了解他們想傳達的理念是
實務教育，教大家如何挑選新鮮漁獲。以蝦子為例，其實
沒洗過藥水的蝦子是黑黑醜醜，但一般人只會看外觀，看
到黑黑的就認為牠有毒或不新鮮，當然就不會買。

　　還有教大家如何正確的保存漁獲等等，不會因為不懂辨
別商品好壞，而錯失買新鮮漁獲機會，更甚至依自己錯誤
觀點來認定是產品本身不好，因而全盤否認他們的商品。

　　因為有老闆娘的努力，才能讓更多人了解海洋、海鮮文
化，雖然這只是個小小的力量，但只要持之以恆地去做，
這個世界就會變得更好！

03

阿里棒棒——
隱藏於網路世界的
八斗子特色漁產品

阿里棒棒與八斗邀餐廳都隸屬於大方合展有限公司,而阿里棒棒的產品大多都在網路上銷售。八斗邀餐廳秉持著環保、不浪費食材的理念,是一間採預約制的餐廳。

大家一定很好奇,賣香腸就賣香腸,怎麼取了一個這麼棒的名字呢?是吃了就會很棒嗎?原來是達悟族稱飛魚為阿里棒棒,為了溯源和感謝飛魚,才以阿里棒棒命名。

飛魚卵的捕獲時間跟鎖管季是同個時期,但是基隆漁民偏向捕撈鎖管、透抽、花枝,因為捕飛魚卵需要靠運氣,基隆漁民不想冒這風險,所以去捕捉比較能穩定產量的鎖管、透抽、花枝,所以飛魚卵大部分是由澎湖漁民所捕撈的。

▲ 圖片來源：阿里棒棒店家提供

　　為什麼澎湖漁民會來基隆海域捕獲飛魚卵呢？因為基隆北方三島的漁獲非常豐富，澎湖的漁民會向基隆區漁會登記，並於捕魚季時來到基隆區漁會管轄的漁場內捕魚，為了增加每趟航程產值，澎湖的漁民就會利用捕魚時，順便將用於捕獲飛魚卵的草包鋪設於海面上，待完成捕魚作業返港時，再將草包載回。

　　飛魚卵採集的時間約是每年五月中旬到七月底，順著黑潮從菲律賓往北迴的飛魚，會在臺灣東北角一帶短暫停留並產卵。東北角一帶的漁民以有別於其他地區的方法來採集飛魚卵，那就是將稻草所編成的草包放置在飛魚洄游的路徑上，誘使其產卵，再撿拾附滿魚卵的草包，這種不用殺掉飛魚來取卵的作法，既環保又不會破壞生態平衡，也不會造成海洋生態枯竭問題，可以做到海洋永續。

　　附滿飛魚卵的草包，漁民會將它綑成一團放入麻布袋。魚卵進廠脫膜後就會像右圖一樣一粒粒的，享有品質世界第一的「黃金卵」之美譽，漁民稱之為「海上黃金」。

▲ 鮮味十足的飛魚卵水餃，是不是看了就口水直流呢？

　　阿里棒棒主要販賣飛魚卵相關的產品，有飛魚卵香腸、飛魚卵水餃、飛魚卵包子，而飛魚卵香腸就是就地取材的最好例證。

　　阿里棒棒重視環保以及產品的品質，基隆位於臺灣東北角，海洋環境乾淨、安全，由水產試驗所定期檢驗，漁獲資源十分豐富。其產品經通過SGS檢驗、HACCP食品驗證標準證書、水產認證標章。為基隆市唯一取得飛魚卵產品認證的優質品牌。

因為經的起考驗，希望讓更多人知道基隆的好魚好物。阿里棒棒還推出一個特別的小餐車，讓人們吃到飛魚卵香腸時會聯想到阿里棒棒，而不只是普通的飛魚卵香腸而已，而是有啤酒可以喝，這背後的理念就是地酒配地食的特殊理念。在地食材去開發產品、用這個精神、在地生根取之於在地的產品、做出的回饋。

▲ 阿里棒棒餐車

想追阿里棒棒餐車，吃飛魚卵香腸、喝啤酒嗎？假日時可以在基隆八斗子觀光漁港找到我們的蹤跡，或在和平島海角樂園也可以看到唷！

這裡真的是很特別的餐廳，除了推動在地產業及文化以外，還看到了老闆在背後的理念，辛勤的打拼卻不失原本的初衷，如此的堅定。在餐廳中的每個角落充滿了人情味，樸素簡約而不失雅致的風格，也是讓人會想來一再回味這裡的原因吧！

04
藻遍海餃——
回饋鄉里，只為初衷

　　走在八斗子漁村內，有一間在轉角處、名稱特別的店——「藻遍海餃」。素聞八斗子的海藻石花凍很有名，是夏天的消暑涼飲，殊不知還能用海藻做水餃，這麼特別的食物，怎麼可以不來好好認識一番呢！

　　藻遍海餃的創業故事只能用「無心插柳柳成蔭」來形容了。王牧民老闆憶及2002年他參選里長時，觀察到八斗子漁村的漁民向來都把漁獲當原料賣給工廠，長期下來都被剝削，因此他想找到一種方式來幫助漁民擺脫剝削，增加漁民的收益，改善漁民的生活。

▼ 藻遍海餃商店外觀

　　恰巧，順利當選里長的他，在一次海科館主辦的研習課程中上了一門認識東北角藻類的課，才發現原來大部分的藻類皆可食用，既然可以吃，為什麼不把藻類融入料理呢？

　　因為王老闆本身非常喜歡吃水餃，因此決定把海藻融入水餃餡裡，經過不斷的鑽研和改進，終於成功調出美味配方，朋友們試吃後都讚不絕口，鼓舞他繼續研發。這時王老闆發現，八斗子的飛魚卵都出口到日本，日本加工完後再回銷臺灣。一樣都是賣給日本再回銷，為什麼不由臺灣自行加工再賣給消費者，而白白讓日本賺這筆錢加工飛魚卵的錢？因次投入研發飛魚卵水餃，之後又研發出小卷水餃，而這些水餃餡的海鮮原料，都是王老闆直接跟八斗子村當地漁民進貨的。一來可以照顧當地的里民，又可以推廣在地漁獲。

　　自從他開始包水餃後，就有人模仿他開始研發其他海產特色料理，像是飛魚卵香腸、墨魚香腸、海藻冰。但王老闆並不覺得自己的創意被竊取了，反而認為這樣很好，因為他研發海鮮口味水餃的初衷，就是希望能把八斗子村的漁獲多方利用，提升附加價值。當越來

▲ 與藻遍海餃老闆的合照

越多人投入研發，便能增添更多價值，獲取更高收益，順利改善漁民的生活。

　　起初，藻遍海餃只賣宅配冷凍包，等王老闆里長退休，妻子過世後，才在朋友的鼓勵下開了現在的這間「藻遍海餃」。其中，「藻」是紀念他的第一項產品——海藻水餃；「海餃」則代表店內以將海鮮包成水餃為主，綜合起來便有了「藻遍海餃」這個店名。

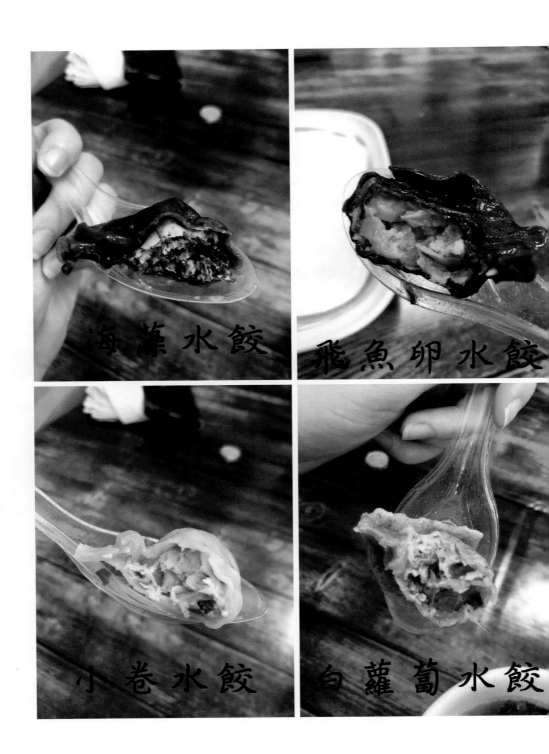

海藻水餃

飛魚卵水餃

小卷水餃

白蘿蔔水餃

◀ ▲ 品嚐店內食品──海藻水餃、飛魚卵水餃、小卷水餃、
白蘿蔔水餃、海菜丸子羹湯、冰紅棗牛蒡茶

　　店裡的招牌──海藻水餃、飛魚卵水餃、小卷水餃各有不同風味，
另外還有季節限定的白蘿蔔水餃。

　　海藻水餃有著墨綠色餃皮，一口咬下後，起初感受到的是肉味，在
咀嚼的過程裡海藻的香氣才逐漸散發，洋溢在口中，使其吃起來清爽不
油膩。飛魚卵水餃則有著特別的黑色餃皮，裡頭滿滿的飛魚卵使其嘗起
來有種特別的鹹味。此外小卷水餃裡的小卷非常新鮮，因此吃起來Q嫩
鮮甜。至於季節限定的白蘿蔔水餃吃起來清脆爽口，非常美味。除了水
餃外，還有海菜丸子羹湯、冰紅棗牛蒡茶。

　　「藻遍海餃」除了有美味料理外，背後更有著感人故事。王老闆親
切好客，雖然店面不大，但店裡乾淨整潔，附近更有個停車場，交通相
當便利，是間適合親朋好友共同拜訪的海產特色料理店。在藻遍海餃品
嘗的不只是美食，更是王老闆想回饋鄉里的這份初衷。

05

潮境天空——
深藍內太空的享受

環境保育及漁業永續的概念逐漸盛行，北部數個漁港均已劃設「海洋保育區」，多屬水產動植物繁殖保育區，如基隆市繁殖保育區、望海巷潮境海灣保育區、新北市貢寮、萬里、瑞芳保育區等。潮境天空就位於望海巷潮境海灣保育區旁，這邊禁網、禁釣、禁採捕，所以生態與其他海域相比，生態系統相對豐富及完善，當然也是潛水客的最愛。

潮境天空的牆上掛著滿滿海洋生物的微距照片，有海蛞蝓、甲殼類等等，都是潛水才能親眼看見的海洋生物。

▼ 潮境天空的彩繪外牆

▲ 上：準備潛水 ╱ 下：水中浮潛圖

　　簡單參觀完店裡的擺設後，要進行今天的重頭戲──浮潛，利用一根呼吸管在水面上游泳，浮潛者所需的基本裝備包括潛水鏡、蛙鞋、呼吸管，又稱浮潛三寶。班上有一位教練級的潛水高手，由他帶領我們前往海域，觀察海裡可愛的小魚，其中最特別的是河豚，原以為會像印象中胖胖的還帶刺，找了又找都沒看到，原來是因為河豚平常的樣子和其他魚一樣，只有在生氣的時候膨脹。

▲ 店家提供的天然肥皂

　　浮潛活動結束後我們便回到店裡沖洗，左圖是店家免費提供顧客沖洗用的天然肥皂，盡量減少使用化學肥皂，避免讓用水流進海灣汙染海水。

　　除了浮潛的服務外，潮境天空的二樓更是別有洞天。我們發現二樓分了兩間上下舖的房間，問了小管家後才知道，原來這邊有提供住宿給潛水俱樂部的會員或是熟客，一開窗就能看見潮境的藍藍海水，實在是非常享受呢！頂樓還能飽覽一望無際的望海巷海灣唷！

　　其實潮境公園非常流行放風箏，來這邊遊玩時不妨往上走，到達潮境公園的天掃把裝置藝術區放放風箏、吹吹海風，別有一番風味。

▶ 上：觀景臺外的無敵海景
　　中：樓上無敵海景觀景臺
　　下：尋找童趣放風箏

▼ 二樓提供給會員的住宿空間

▲ 小管家在八斗子漁港內擺攤　　　▶ 店內販售的文創小物

　　最後，浮潛、放風箏享受完，感覺沒有什麼東西可以拿回家欣賞細細回味嗎？那你就錯了！小管家有在經營手工藝品店名——「異想之森DIY手作坊」&「勃勒斯BR's metalwork」，目前是不定期的於假期擺攤，或者是報名周邊相關的活動前往擺攤，當然到了潮境天空也可以直接向小管家購買唷！

　　店裡有一個很特別的項鍊「海夢罟」，中間的玻璃碎片是小管家去淨灘時撿到而循環再用成為手工藝品，這項鍊的意象就是以撿到的海玻璃代表進入海洋的垃圾，結合為人們帶走惡夢的捕夢網，希望為海洋捕捉垃圾這一大噩夢能消除海洋的惡夢，這個想法不但很有創意，也能傳達保護海洋的理念。

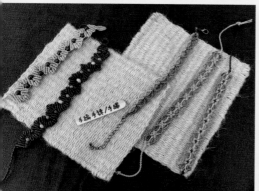

手編手錶/手鍊

檜樹子 自由搭配

天使喜歡的呢喃喵叫耳環.

海夢罟の故事

們不斷向大海丟入垃圾,大海卻回饋寶石般の海玻璃

海玻璃代表
海洋の垃圾

結合漁人們尋走
惡夢の捕夢網

希望為海消捕捉
垃圾這一大飛夢
的海夢罟由此誕生

海夢罟

06

新蟲貨──
最新鮮的魚貨

　　走在這充滿海味的八斗子漁村，看著彩繪著漁民生活樣貌的外牆，充滿了濃濃的漁村氣息，此時怎麼能沒有採買魚貨的地方呢！就跟我們一起來新蟲貨找新鮮魚貨吧！

　　老闆指出當時大約才17歲，總想著如何讓當時的自己擁有更多的零用錢，於是三個懵懂的高中大男孩在因緣際會下，開始批貨賣魚賺外快的生涯，然而，這一賣就是好幾年。

　　起初他們認為賣魚只是好玩、有趣，騎著摩托車到處零售，後來在網路上開發出穩定的客源，經常在大臺北地區送貨。

　　老闆想想，何不開間店提供給遊客及在地居民最直接的服務呢？於是就在103年底毅然決然地選擇在八斗子開設了實體店面──新蟲貨。

▶ 上：新蟲貨的外牆
下：新蟲貨商店外觀

▼ 新蟲貨的由來解說

▲ 比臉大的蝦和超級大的透抽

◀ 新蟲貨的冷藏 / 冷凍設施

　　了解新蟲貨的由來之後，來看看店內的商品，像是這隻跟我身軀一樣長的透抽，還有比「臉大的小老闆阿勳」的臉還要大的蝦，這樣你就知道有多大了吧！

　　除此之外還有許多的海鮮產品，飛魚卵香腸、鮮凍鮑魚、生食干貝等等。新蟲貨，想當然爾，這裡的海鮮肯定是非常新鮮的，都是直接從漁港詢貨後，真空並且急速冷凍，再送到客戶手中，因此根本不必擔心品質上的問題。

魚貨「冷」知識

早期因冷凍設備不足，所以魚貨會送到魚寮處理。然現在卻可以用真空急速冷凍來保持鮮度，原理及好處有下列四項：

（一）抑制酸化

食品的酵素揮發或是與空氣中的酸素結合，就會造成酸化，導致食品的成分變質，喪失美味，連營養素都會流失，造成品質劣化。所以藉由阻斷食品與空氣的接觸，就能抑制酸化。

（二）抑制細菌增殖

細菌增殖會引起食品的腐敗，若能抑制細菌就能防止食品腐敗，並將品質維持在良好的狀態。細菌沒有酸素的話就無法增殖，所以利用真空狀態就能抑制細菌的活動。

（三）抑制乾燥

食品中的水分蒸發的話就會造成乾燥，風味與口感都會下降。所以有效隔絕食品中的空氣，就能防止水分的流失。真空能防止乾燥物等食品受潮。

（四）延長保存期限

利用真空包裝冷藏保存的話，大概能延長1.5倍的保存期限。冷凍的話則是延長2～5倍。

▲ 新蟲貨的伴手禮小吃

◀ 新蟲貨榮獲基隆市第四屆特色伴手禮

▶ 同學們到新蟲貨一遊

　　除了冷凍魚貨之外，也販售多種特色產品——搖滾小卷、咔啦蟹，搖滾小卷還入選基隆市第四屆特色伴手禮。

　　今天這趟新蟲貨之旅，在經過老闆的詳細介紹解說後，收穫滿滿。饕客們不訪來逛逛，挑挑自己屬意的伴手禮。

07
海洋種子——
最夯的海上管家

▲ 海洋種子有限公司 Logo

八斗子漁港內的星晨遊艇碼頭是專門停靠遊艇與帆船的碼頭。這麼多的船隻到底是誰的呢？又是誰在管理呢？今天要帶大家認識星晨碼頭這裡的一家「遊艇管家」公司——SEED MARINE海洋種子。

星晨遊艇碼頭是專門停靠遊艇與帆船的碼頭。

▼ 八斗子星晨遊艇碼頭

　　海洋種子的老闆鄭光華，我們都稱阿光學長，是我們國立臺灣海洋大學運輸系的大學長。還在讀書的時候，系上有組一支帆船隊，每年也都會參與臺琉國際帆船賽，因此開始接觸帆船。畢業之後，同學們一個個都從事商船相關的工作，但對他而言，帆船跟遊艇才是他心之所向。

鄭光華學長與同學們的合照

▲ 八斗子星晨遊艇碼頭

那麼遊艇管家到底要做哪些工作呢？這樣說好了。

想買一艘遊艇但不知道要找誰，就找海洋種子。

買了遊艇但不知道要怎麼保養，找海洋種子。

有一艘保養得漂漂亮亮的遊艇，但不會開也不知道可以去哪裡玩、該怎麼玩，怎麼辦呢？找海洋種子！

講專業一點的，海洋種子分成三個部門。

▲ 遊艇保養工作

（一）船務部

　　※負責每天船隻清潔和檢查，及清潔船隻附近水域（以免引擎捲入異物而受損）

　　※安排下一週的清潔保養行程

　　※季節性清潔保養（如每三個月上一次柚木地板的油、每個月晒一次皮墊等）

（二）維修部

　　※每周的船隻體檢

　　※每艘船上都有一本記錄船隻健康
　　　檢查結果的本子，書套綁帶上會
　　　寫著船的名字

（三）遊艇秘書

　　※行政工作

　　※為船東、旅客安排航程

　　簡單來說，海洋種子就是一個可以
滿足帆船或遊艇船主所有需求的萬能管
家公司！除了上述的作業項目之外，還
提供船隻年度上架保養、國內外送船等
服務。

▲ 上：遊艇維修記錄手冊（外觀與內部紀錄）
　 下：遊艇登船甲板

▲ 上：海洋種子工作場域
　下：八斗子觀光漁港碼頭畔

◀ 遊艇管家現場作業狀況

　　他們工作的地方可能在星晨碼頭或碼頭畔的辦公室，也可能在附近的上架場為船底清潔。

　　在參觀海洋種子管理的船時，以為船上乾乾淨淨是理所當然的。但走在星晨碼頭，看到其他鮮少保養的私人快艇、帆船才知道，海洋種子是多麼用心的在對待每一條船。

　　在為柚木擦拭保養油時，為船槳上防鏽漆時，他們不會貪快，細心地進行保養船隻的每一個動作。這就是阿光所說的「態度」。

談到遊艇帆船產業的未來時，阿光說他相信未來會出現斷層。現在很多船長或水手都是請退休的海軍或退役的海巡人員，但在業界一直都有希望船長跟水手可以是年輕人的聲音。相較於退休的軍人，比較喜歡穩定的工作、喜歡準時上下班，年輕人更有活力、更有創造力，也比較好溝通，客人在出航辦party的時候也能跟客人們打成一片。

　　成為船長是需要時間跟經驗的。阿光期許海洋種子成為船長跟水手的仲介平臺。身為國立臺灣海洋大學的大學長，他說對海大一直有一份情懷，希望可以回饋給學弟妹。他很樂意提供對遊艇帆船行業有興趣的學生實習、工作機會，並且在他們待滿2～3年，將技能、知識都學會之後，推薦他們給其他的船東成為獨立的船長。不僅要回饋母校，也要為海洋觀光產業培養新血。

▼ 海洋種子團隊合照圖

08

心干寶貝──
打國際盃的基隆伴手禮

「心干寶貝」緣起自一位父親對於兒女的疼愛，以幸福為訴求，全心投入研發「健康、美味」的海鮮醬料，希望因對子女的愛而研發的產品，能讓每位嚐過的人都感受到其中滿滿的幸福味，因此將店命名為「心干寶貝」。

▶ 心干寶貝店家外觀圖

　　踏進到這家店的第一個想法：天啊，我好像來到希臘風格的歐式餐廳，結合藍天碧海，整個裝潢除了驚訝就剩讚嘆了。這邊擺設可供旅客來店家的時候，可以稍作休息，也可以順便參考產品。在一進來的右手邊，美美的架上擺滿了許多琳瑯滿目的商品。

▼ 心干寶貝內部一隅

▲ 上：心干寶貝吳老闆受訪圖
下：吳老闆與同學們聊創業過程

在2009年的時候，吳老闆的女兒到了一個最需要家長陪伴的時期，因此吳爸爸放棄原本穩定的工作，開始思考如何轉換跑道。那時真的是巧合，看到女兒喜歡吃干貝醬，那麼應該大部分人家都會愛吃，因此看見一條能發展的市場。

起初，吳老闆對於這個市場真的是從零開始，烹飪的方法要自己摸索、行銷的手法需要時間嘗試，在這個陌生的市場，吳老闆從自家廚房的小爐子開始做起，結合低成本的網路店面，開始一步一步發展。而在去年六月，心干寶貝才開始營運FACEBOOK及部落格，將這幾年來積累的底蘊，都放上官方網路上。因此即便是短短的時間，卻有豐富的資料在網站上。

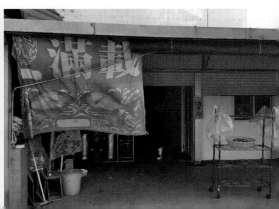

吳老闆很友善的帶我們一同去參觀透明化的工廠，裡面的設備都是定期維修保養，所有的流程都是由吳老闆一手掌控，吳老闆為了保持出貨品質，堅持自己辛苦一點，也讓消費者吃到最好品質的干貝醬。

▲ 吳老闆解說店內的機器設備

▲ 心干寶貝內販售的產品

　　最一開始是只有「幸福干貝醬」，而後續的這幾個都是由吳老闆一個一個食材搭配，試過了好幾種才試出這6種干貝醬的美味組合。這些干貝醬的食材都是用基隆的船隻出海捕撈回來的「當季」食材。

　　老闆驕傲地告訴我們，曾經有一團香港客人來到心肝寶貝吃了干貝醬後，就深深的被吸引住，成為忠實粉絲，常常都需要空運過去。

除了致力於發展干貝醬，吳老闆也希望實踐社會責任，希望來店裡的旅客，除了能促進在地產業的活化，也能將八斗子觀光文化發展開來，因此做了一張旅行地圖。

▼ 上：店內的基隆觀光手冊 / 下：八斗子觀光地圖

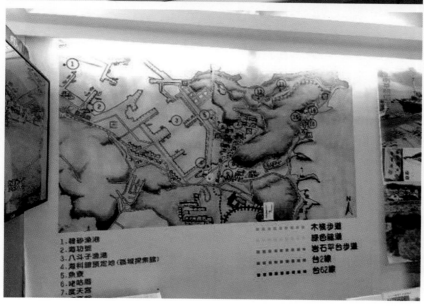

店裡這頂小管的帽子，是吳老闆因緣際會下去日本「請」回來的，成為店裡的鎮店之寶，連老闆到國外參展都要帶著他呢！

感謝吳永安老闆撥冗配合採訪，讓我們了解更多不為人知的故事，也學習到創業家該有的精神與理念。

▲ 心干寶貝的鎮店之寶

◀ 心干寶貝獲獎紀錄　　　　　▼ 同學與吳老闆的合照

09

女巫客棧——
藏匿在基隆的魔法客棧

▲ 女巫客棧 Logo

　　漸漸地，基隆這個城市的天氣、熟悉的道路，還有那些人文遺跡、絕佳海景，不知不覺成了自己的某一部分。當了兩年的海大學生，基隆也可以算是我們第二個家了！

　　而當你說起基隆的同時，第一時間會想到什麼值得與大家分享的呢？

　　我想，這就是女巫客棧的大學姊所要傳達的吧。

　　女巫客棧的創業者同為海大學生畢業，不免在這留下綿延的情愫，推廣基隆彷彿成了自己的責任，所以他們在這裡覓得一處讓旅客們停留休息，並且帶著他們體驗基隆神祕又美麗的樣貌。

▲ 女巫客棧外觀樣貌

▲ 女巫客棧內部樣貌

為什麼會取名叫「女巫」呢？

原來八斗子這裡以前就像和平島一樣是個小島，跟基隆是分開的，小島上住著一族叫作「巴賽族」的原住民，是如今凱達格蘭分支的族群。而為甚麼叫作「女巫」？原因是因為住在基隆的居民看向八斗子這個地方的時候，島上煙霧繚繞，像是女巫住的地方，而在凱達格蘭族語的「Patau」意思是「巫師」，取諧音也就是八斗子名稱的由來。而女巫的命名也是因為結合當地特色而來的。

當初創業的願景就是因為在這裡讀了四年的書，也可以算是半個基隆人了，而基於對這片土地的熱愛，希望可以有個機會藉此推廣基隆的美好，把來這裡觀光的旅人們留下，在這休息，同時跟著女巫一起玩基隆，而最最最重要的是：跟著女巫一起喜歡上基隆的美。

你或許會好奇，創業的初期會遇到什麼困難嗎？

畢竟這樣的特殊產業不是那麼穩定，再加上家人一開始並非那麼支持，但慢慢的經過五年時間的磨練，女巫漸漸發展成一個成熟的背包客空間，不僅僅提供休憩，到此觀光的旅客們還能向女巫索取神秘藏寶圖跟著女巫去體驗八斗子甚至整個基隆，比如透過：生態旅遊、淨灘等等，用雙腳踏遍整個生態環境、吃遍大小巷的基隆美食喔！

▲ 舊時基隆管內圖

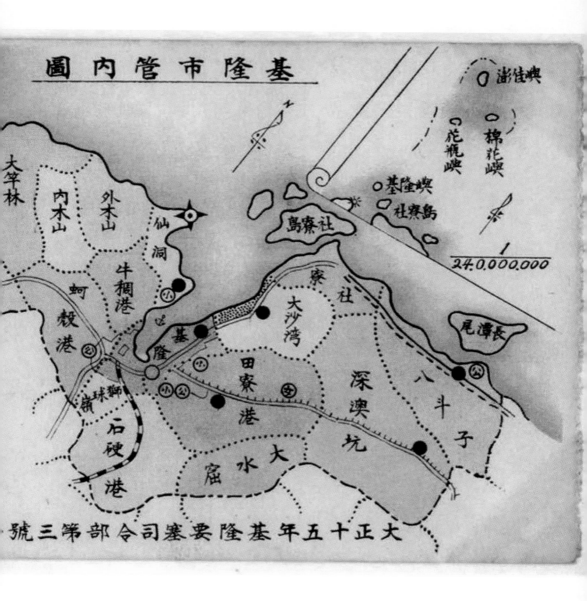

基隆市管內圖

大竿林　內木山　外木山　仙洞　牛稠港　蚵殼港　獅球嶺　石硬港　田寮港　大沙灣　社寮島　長潭尾　深澳坑　八斗子　大水窟

基隆嶼　社寮島　花瓶嶼　棉花嶼　澎佳嶼

1 : 24.0.000.000

大正十五年基隆要塞司令部第三號

　　聽到這裡，我覺得其中最特別的是「生態幣」，小幫手向我們解釋生態幣的概念是當旅客們從淨灘帶回來的垃圾可以換取生態幣，接著拿著生態幣去附近店家換取商品，這樣的做法聽起來還真是吸引人又充滿環保意識呢！

接下來，讓我們來看看這特別背包客空間吧！

客棧裡也提供許多日常生活用品、紀念品供旅人購買及使用。

簡單舒適的背包客空間看了真令人放鬆，很適合來這裡觀光的旅人們休息呢！

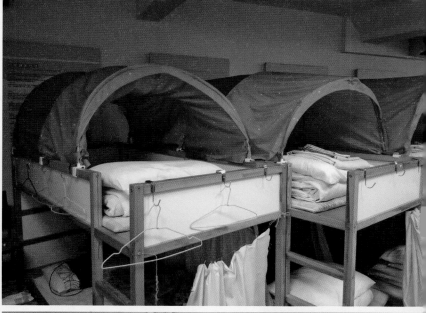

| 1 | 2 | 3 |
| 4 | 5 | 6 |

▲ 1　客棧內自助販售區

　 2　客棧內的住宿空間──通舖

　 3　客棧內的住宿空間──上下臥舖

　 4　客棧內裝一隅

　 5　室內海洋特色設計與擺設

　 6　八斗子手繪地圖

　　除此之外，女巫在宣傳理念這方面也做得相當積極，不僅到泰國參展，也非常活躍於參與基隆在地活動以及洄游農村計畫，最後把成果回饋給漁村，另外亦致力在自身「智慧生活整合性人才培育特色大學計畫」中努力，希望可以招募在這塊有興趣的同學來女巫實習，並把所學的東西交付給學生。

　　最後，女巫和基隆如同相並相存的生命共同體，女巫的存在像是藏匿在基隆裡的魔法糖果屋，提供來這流浪的旅人們休憩的地方，同時，為基隆努力與發聲，用力地守護這塊美麗的城市。

◀ 同學們與管家們的合照圖

10

漁品軒——
跳脫傳統窠臼的漁二代

　　漁品軒座落於基隆八斗子的北寧路上，就在八斗子觀光漁港的停車場入口處附近。經由當地人的介紹下，得知基隆有一家老牌的名產叫做「漁品軒」，重點是這家店離國立臺灣海洋大學才850公尺，騎車不用5分鐘、走路不到15分鐘，今天我們就來美食探險囉！

　　沒錯，下圖就是鼎鼎大名的漁品軒，左手邊是漁品軒的餐廳，而右手邊是伴手禮區。講起漁品軒我們就從它的故事小品牌開始講起。

▼ 漁品軒的商店外觀

漁品軒
YU PIN HSUAN
SINCE 1998

品鮮魚，盡在漁品軒

品牌涵蓋餐飲、伴手禮及即時商品。
採用漁船直送的頂級食材，
烹調最天然美味的海鮮料理，
完美演繹美饌中之「鮮」字訣。

▲ 左中：漁品軒的菜單外 ／ 右中：漁品軒外挑選漁獲區
下：漁品軒伴手禮區觀

▲ 餐廳內用餐區一隅

漁品軒的創辦人曼玲姊跟著家人在碧砂漁港販賣漁獲，後來因喜歡烹飪，加上懷念小時候的白鯧米粉，因緣際會開起了海鮮餐廳，一家人慢慢從賣漁獲變成經營餐廳。漁品軒的前身為「黃金海岸」，民國92年才名為現在的「漁品軒」。

餐廳裡的海鮮是結合基隆當地的八斗子漁港依季節性進貨以及外公在梧棲港捕的新鮮漁獲，例如：蝦爬類、鎖管、飛魚蛋、蜈蚣菜等。再由餐廳裡的美食搭配自己研發的魚鬆、炸海鮮等美食慢慢研發至伴手禮，也在2017年漁品軒正式退出碧砂漁港自己獨立出來。

介紹完好吃的特色料理，當然不能錯過漁品軒餐廳的扛霸子冠軍炒飯──「飛魚卵炒飯」。為何稱作冠軍炒飯呢？這看似簡單的炒飯，它的來頭可不小，可曾在2012年臺北市炒飯比賽中榮獲冠軍。

炒飯的上頭就是自家的魚骨魚鬆，而炒飯裡面的魚肉是鯊魚煙喲！當香噴噴的炒飯放入嘴裡咀嚼，會有小小的、波波波的感覺，各位猜到是什麼嗎?就是圖中一粒粒白色、小小的飛魚卵。

接下來這來頭也不亞於冠軍炒飯的招牌特色料理──白鯧米粉，別小看這看似毫不起眼的米粉，它可是用大骨高湯熬10多小時取魚肉去眼睛去肚，簡單來說所有魚肉的精華都在此，別懷疑快跟著我們一起來吃就知道。

上面提及的白鯧米粉在民國民國99年的時候，有跟國立臺灣海洋大學食品科學系一起研發成沖泡式的米粉。因白鯧米粉真太好吃，應顧客的要求做成沖泡式的，送禮自用兩相宜！

▶ 上：冠軍炒飯──飛魚卵炒飯
　　中：特色料理──白鯧米粉

▶ 伴手禮挑選區

▼ 由上而下分別是鱈魚條、鰻魚酥、墨魚脆片、海苔芝麻鮭魚香鬆等伴手禮

漁品軒只有這樣嗎？不，它的伴手禮可驚人呢！

講這麼多不如實際拍個戰利品給大家看看。從鱈魚條講起好了，這是用新鮮的魚處理後慢慢烘烤，有別於一般外面賣的鱈魚條吃起來就是個加工食品，這款吃起來真的有海的味道，因為太好吃一次就買了三包。

接下來是鰻魚酥，口感不像外面的鰻魚酥死甜、黏牙且吃久會膩，這款的甜味來自麥芽糖，口感與外面的鰻魚酥非常不一樣。

再來，墨魚脆片是漁品軒最初推出的產品，更入選基隆十大伴手禮！聞起來很香，吃起來酥酥脆脆，很好咀嚼，吞下肚後還有海味停留在嘴裡。因為酥脆好消化，墨魚脆片對於牙不好的朋友，是不錯的選擇。

最後是海苔芝麻鮭魚香鬆，這可是基隆當地人特別推薦的唷！魚鬆是漁品軒自己生產的，工廠在基隆大武崙的工業區。從小吃到大的魚鬆，早餐配饅頭、吐司、稀飯都好吃，口感清爽不膩，令人想一口又一口的吃，買不到一個禮拜就被我吃到剩半罐了。

▲ 分店——伴手禮專賣店

漁品軒主店是餐廳加上少許的伴手禮，而分店則是伴手禮專賣店，剛剛逛完主店，現在就跟我們一起走到相距不到1公里的分店吧。

架上一包包休閒零食就是我們介紹榮獲基隆2007年十大伴手禮的美食們。

架上這些小管XO醬、特選干貝醬可厲害的呢！他炒菜炒飯樣樣百搭，搭起自家白鯧米粉有點辣辣的才吃的勁，帶一罐回家煮都比外面賣的好吃。琳瑯滿目的伴手禮包包都想買，下次來帶媽媽來就最對了，這裡絕對是媽媽們的天堂，要什麼有什麼！

▶ 上：分店——伴手禮展示區
　 中、下：分店內部伴手禮展示樣貌

PART **3** 八斗子必訪秘境

01

海科館潮境海洋中心——
基隆八斗子知性之旅

　　八斗子海洋科技博物館（簡稱海科館）的分館——潮境海洋中心，它和海科館主體館及區域探索館不同，並不是只提供文字介紹，而是提供生物供旅客參觀，平常日並不開放，是個假日好玩好學的好去處。潮境海洋中心就位於往潮境公園的海邊小路上，經過一排咖啡廳之後就可以看見。

◀ 潮境海洋中心入口處

▲ 門票販賣機及紀念商品區

　　進入大廳的右手邊有臺自動販賣機，入場門票及紀念品都在裡面，而大廳左手邊也有賣其他的紀念商品。門票費為50元，然而每個人所付的50元門票是用來做為珊瑚礁及小丑魚復育的計畫經費，讓我們也為海洋生態的復育盡一份心力。

▲ 潮境海洋中心拍照留念處

　　在等待入場的期間，不妨與旁邊的海洋教育的背板合照留念，還有一些逗趣的環境教育道具可以拿著拍照。

▲ 珊瑚復育缸

　　海科館十分重視的珊瑚復育計畫,他們把水底撿到的珊瑚斷枝或是不健康的珊瑚在館裡重新復育,等待其成長到一定程度再移植回歸海洋。

　　珊瑚的種類分為石珊瑚、軟珊瑚、柳條珊瑚。石珊瑚具有堅硬的碳酸鈣骨骼,生長在23～28℃擁有乾淨水質的水域;軟珊瑚的型態非常柔軟卻具有毒性,漁民稱牠們為「海豬肉」;而柳條珊瑚的外觀像是樹枝,像是要保護自己免於被傷害一般。

▲ 小丑魚（眼斑雙鋸魚）與海葵共生
▶ 小丑魚復育缸

上面兩張圖片是海底總動員的尼莫（眼斑雙鋸魚），小朋友們最喜歡尼莫了。導覽員大哥告訴我們小丑魚因為海底總動員而出名，也因這部電影使得小丑魚的數量急速下降，原因就是許多小朋友模仿電影將小丑魚沖入馬桶的片段，但他們卻不知道小丑魚不會因此回到海底，而是害他們喪命在化糞池中。

小丑魚與海葵之間有著互利共生的關係，帶毒刺的海葵保護小丑魚，海葵吃小丑魚消化後的殘渣，因此小丑魚又稱為海葵魚。小丑魚有一種很特別的繁殖過程，就是小丑魚有先公後母的變性特質，一般以體型最大者轉變為母，然而最終成為母魚後就無法變為公魚，生產時平常會將卵產在平坦的礁石表面，在夜間孵化。

▼ 上：克氏雙鋸魚復育缸
　 下：鱟魚

　　不要以為看到小丑魚便是尼莫，小丑魚有好多品種，一個斑紋或者顏色不一樣都有可能是另外一個品種喔！這缸便是用作小丑魚復育計畫的克氏雙鋸魚。

　　接下來這個長得很像石頭的生物就是大名鼎鼎的活化石——鱟。鱟的祖先在古生代泥盆紀就已經出現於地球上，存活在地球上已有3億年了，其形態至今並無多大的改變，因此有「活化石」之稱。

　　春夏季是鱟的繁殖季節，雌雄一旦結為夫妻，便形影不離，因此得到「海底鴛鴦」、「夫妻魚」之美名。照片中，左邊是公，右邊是雌。鱟的血液在醫療上有特殊用途，一公斤的鱟血約能賣到45萬臺幣。在業界，則有年約15億的產值，被稱為「藍金」。正是因為如此高的經濟價值，使得野生鱟的數量急遽下降。

　　上面三種生物（珊瑚、小丑魚、鱟），就是潮境海洋中心積極在復育的生物，在他們剛出生的時候，會有人細心照顧他們，等到他們成長到了一個階段之後再把牠們放流到海洋裡面繼續繁衍下一代。

▲ 左：亞熱帶海龍宮／右：養殖王國的驕傲

　　最後，走到了三個巨大的魚缸面前，這三個大魚缸裡的海水就是直接抽取海洋中心外的海水，都未經過濾處理，所以水質的好壞都直接反映在魚兒身上。隨著導覽員大哥詳細的解說，每回的導覽解說約莫30分鐘，在這半個小時之內一定可以讓大家對許多海洋生物有更多的認識。潮境海洋中心是個寓教於樂的地方，很適合周末家庭到此一遊，花50元就能對海洋生態有更多的了解，更可以一起愛護海洋！

02

臺鐵海科館站——
午後時光之車站知性之旅

臺鐵海科館站就藏身八斗子海洋科技博物館（簡稱海科館）的容軒園區附近，地點有點隱密但很值得走一走唷！

沿著臺二線往宜蘭方向，遠遠就看到有一隻熊搭乘著火車和路人打招呼。別小看這隻藍色的熊，他可是「北火熊」！從2016年起作為海科館車站的意象代言而設立，至今三個年頭啦！旁邊就是海科館的室外停車場，開車騎車搭公車都方便！

◀ 臺鐵海科館站地標——北火熊

▲ 綠色隧道

▼ 上：綠色隧道解說牌
　　下：臺鐵海科館站位置告示牌

看到北火熊時，就表示臺鐵海科館站快到了，但左看看右看看還是沒看到車站的影子，果然是很隱密的景點！旁邊小路不要猶豫的往上走，快到了。沿途會看到兩旁榕樹所自然形成的綠色隧道，榕樹為桑科植物，生長快速是它的特性，茂密的樹葉是各地綠色隧道的常客！

看到綠色隧道的說明告示牌後，往裡面走，就是這次的目的地——臺鐵海科館站，假日總有絡繹不絕的遊客到此拍照或坐車，大約一個多小時就到平溪。

今天的行程只有走走逛逛臺鐵海科館站嗎？這就太遜了，我們今天要看海科館容軒園區內的裝置藝術。海科館的裝置藝術由藝術家李賣至、徐建宇、楊正欣、劉季易、Alexis Mailles所創作的作品，位於容軒園區屬於「蜃景」計畫，此計畫的作品包括了「眼界」與「陸地幻景」。希望人類在發展文明的同時，也反思自身對環境的破壞，期許人類和自然取得平衡。兩件作品是利用發電廠的除役機具加上漂流木與海中廢棄物等材料組成，構成陸地上的虛幻珊瑚礁。

▲ 眼界（Fish Ken）解說牌

▲ 裝置藝術所用之廢棄物——
　重油過濾器

▲ 裝置藝術——眼界（Fish Ken）

▲ 裝置藝術──陸地幻景（Land Illusion）

Ken是一個古老的英文名詞，有眼界、視野的意思。透過再利用的廢棄物與漂流木所組成的假想魚視野，從這個觀景窗看出去的是……？這就靜待大家自行去親身體驗了。

以海市蜃樓詮釋海洋中熱帶雨林的危機與對美好世界的想像，作者以珊瑚礁作為初始概念，以其共生特性響應環境永續，創造出陸地上珊瑚礁群的真實幻景。

▲ 陸地幻景（Land Illusion）解說牌

▲ 左：裝置藝術——帆船／右：臺鐵海科館站告示牌

　　帆船，很多人在這拍照，拍成手拿帆船或張嘴吃帆船的網美照。帆船代表一帆風順，也是無所畏懼堅定朝自己方向往前走的象徵。我想，放在海科館車站，想要代表的意義，是祝福所有出遊的旅客能一路平安吧！

　　臺鐵海科館站快到了！北火時光廊就是北火熊的那個北火，北火的全名為臺電北部火力發電廠。偷偷告訴大家一個小知識，海科館的前身就是臺電北部火力發電廠，海科館其實才五歲喔！

接下來進入今天的重頭戲——臺鐵海科館站！火車還沒進站，可以先來拍拍照。臺鐵海科館站於2012年開始動工興建，在2014正式啓用。一開始是為了國立海洋國際博物館的對外交通，在八斗子站尚未開通時是臺灣最北車站。本來是深澳線，但在2014年，與平溪線連通，來這裡搭火車的人愈來愈多。

隨意拍都很美，難怪每天都那麼多遊客來這裡朝聖。火車進站前可以去看看對面的塗鴉牆！塗鴉牆經些許年月，圖案有點斑駁，但越看越有風味。上面描繪的是火車出山洞，往平溪方向行駛，住在這間房子的爺爺婆婆很熱心地介紹對面有個容軒步道，從上面看潮境公園很漂亮！

▼ 上：臺鐵海科館站旁的美景
　　下：臺鐵海科館站旁的塗鴉牆

▼ 臺鐵海科館站一隅

在拍塗鴉牆的同時，往海科館方向的火車緩緩的進站了！

接著就跟我們一起搭車往下一站前進吧！下一站就是八斗子站，八斗子站一下車就可以看到寬廣的海洋，轉身就是陡峭的山坡，這是臺灣西岸無法享受的景色，看著看著，心情好像晴朗了一些！八斗子站是2016年底才重新開通，在還沒開通前最末站是海科館站。有著北臺灣多良車站的美譽的八斗子車站，面海背山的景象，吸引著人們不惜遠道而來朝聖。

背山面海的八斗子站是攝影迷最喜愛的景點之一，跟著火車從海科館站到八斗子站，下站的旅客停不住的猛按快門！想來體驗看看嗎？趕緊也來規劃一趟看山看海的知性之旅吧！

◀ 左：火車進臺鐵海科館站／右：臺鐵八斗子車站告示牌
▼ 臺鐵八斗子車站

03

海洋科技博物館──
海洋世界傳奇三部曲之旅

三部曲之首部曲──《神秘的海洋寶藏》

　　到了海科館，裡面就有放置館內地圖，有了這個會非常的方便知道各個館區的地理位置，而我們到訪的日子為國際博物館日，所以要帶大家去的地方就是館內每年才會免費開放一次給民眾參觀的研究典藏中心，它的位置在主題館上方，非常容易找到。研究典藏中心是海科館最重要的處所，藉由開放式庫房的規劃，讓大家可以更清楚的了解歷史，甚至看到海洋的奧秘。

▼ 海洋科技博物館外觀

▲ 活動場景

　　一進入海科館大門口，就看到一艘由原住民親手打造的拼板舟，這可是用原木做的，牆壁上還能看到電視裡播放著製作拼板舟的過程，也能珍藏起來變成歷史傳承下去喔。

　　一進到裡面就看到非常不一樣的場景，用透明的布條製造出像極光一樣的美麗畫面，擺設各種不同的魚種標本，探索中國第一艘船到歐美國家之海上的歷程，跟著導覽解說員一一解說裡面意想不到的寶藏吧！

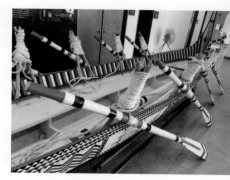

▲ 原住民製作的拼板舟

　　一抬頭看著這金光閃閃的場景覺得好酷喔！不知道要花多久才能布置完成，再往裡面大家就可以看到各式各樣的標本了，海科館非常用心的讓觀光客能夠認識魚種都會把魚種和編號資料找出來讓大家了解，不但能看到實體還能透過解說讓印象更深刻。

▲ 解說員解說勝孝利號的偉大經歷

接下來讓我們看中國第一艘漁船航行的故事吧！

這是以木頭造船的功法並且在半年內完成，當時這是臺灣唯一的中式帆船（有眼睛）轉舵，船首和船尾皆有彩繪。民國44年4月4日正式從基隆出航，橫越太平洋。據說這艘漁船在海上航行了140天才到美國，當時是為了一個比賽，雖然未能在期限內到達，但船長還是完成了整個航程。回臺灣後，原本基隆要出錢修復這艘漁船，但當時的省主席願意贊助修復，且命名為「自由中國號」，原名為「勝孝利號」。為了讓大家可以更了解這段創舉，海科館打造了一艘1：10的模型船，擺放在館內展覽供大家觀賞。

在館內牆壁上就會看到很多有關中國自由號的歷史，因為在臺灣很少看到漁船可以航行那麼多天，這對我們來說是一種光榮和驕傲。了解這段海洋歷史你會發現不一樣的臺灣。

▲ 自由中國號船首彩繪圖

▲ 自由中國號當時的照片集錦

▲ 自由中國號船尾彩繪圖

▲ 同學與海科館人員合照

　　很開心有機會見到喜歡大海的創作詩人鄭愁予老師，見到老師本人，根本看不出他已經85歲了。今天老師主要說的是年輕時的創作理念，在最後還有辦個小小的簽名會喔！

　　老師在17歲就開始作詩，而他今天戴的帽子就是作詩的開始。老師在大學畢業後，因為非常喜歡海洋所以很想要從事海上的工作，於是他當時的第一志願就是在基隆港務局工作，但他的夢想是能上船跟船員一起工作，而不是坐在辦公室。之後，老師就陸陸續續寫了非常多的詩，老師的這些詩彙集起來出了一本《鄭愁予詩集》，有興趣的話可以買來收藏唷！當然在海科館內也有收藏老師的三首詩，分別是〈船長的獨步〉、〈錯誤〉、〈歸航曲〉。

◀ 上：鄭愁予老師分享寫作歷程
　　下：點子展示廳一隅

▲ 上：鄭愁予老師在作品下方簽名　　　▲ 同學與鄭愁予老師拍照留念
　　下：同學與海科館館長拍照留念

　　老師在與我們聊天時也會與我們互動，在場的人都被老師逗得哈哈大笑，好比說：主持人問：「在國文課本裡是不是也有老師的詩集？」同學們異口同聲的說：「是！」老師還回主持人說：「我不亂說，怕這是『錯誤』的答案。」聽了這場演講，真的非常值得。

　　這是為了紀念許多海洋詩曲的作品的點子展示廳，裡面有包含了鄭老師的三首詩曲，當然還有其他詩人的作品，例如說夏曼·藍波安的作品等。館長還希望老師能在上面留下老師的簽名，證明老師的到來呢！

　　最後，很榮幸可以跟老師和館長一起合影，非常興奮而且也很開心，感謝海科館有邀請到鄭老師，希望下次還能再看到更多詩人來參訪海科館。

▲ 海龜關關 GO 的闖關卡

▶ 海科館解說明解說海龜的生活順序

三部曲之最終部曲——《「龜」我們守護》

　　每年的5月23日是世界海龜日，美國龜救援組織（American Tortoise Rescue）自2000年起將5月23日訂為「世界海龜日」，為了就是要保護海龜。海科館也呼應「世界海龜日」辦了「海龜關關GO」的活動，目的就是讓更多人知道保育海洋生態、減少垃圾汙染，還給海龜一個乾淨生產的沙灘，不要再吃到塑膠製品。

　　現在就來參與「海龜關關GO」的活動吧！

第一關：要排出海龜的生活順序

　　你知道海龜從生產—交配—長大—回歸海洋的順序嗎？這關要把對的順序排列出來就算過關，排列過程中，大姊姊也會在旁邊解釋給你聽喔！會讓你知道海龜怎麼來的，還有怎麼做是對海龜才是最好的保護。

第二關：找出大海龜並且與他合影＋拯救海龜

　　這關的海龜就在環境廳出口，是用棉繩和尼龍繩做出海龜的樣子，造型非常可愛喔！

　　因為他是白色的，所以相片有點看不清楚，他真的非常大隻喔！連我都嚇了一大跳。要記得和海龜拍照才算過關喔！

　　在五樓的水產廳，有一臺海龜逃脫器，操作搖桿救出海龜並拍下照片，就算過關！

第三關：抽出一顆球，球裡面有一個問題，答對就可以過關

　　這是我抽到的問題：剛生出來的小海龜會在甚麼東西下躲藏自己？

　　答案是：珊瑚礁。

第四關：寫下你想對海龜說的話，就完成所有關卡囉！

　　最後得到的獎品是一本繪本與一張貼紙。

　　海洋科學博物館是個非常有趣的地方，帶著小朋友一起環遊海底世界，認識各種不一樣的海底生物，藉由展覽活動更讓人印象深刻，不同的節日裡都會推出各式各樣的活動喔！

　　期待大家有空可以來到海科館參觀以及參加或是欣賞館內的所有設施喔！

▶ 上：同學與海龜的合照
　 中：拯救海龜
　 下：闖關成功

04

海濱公園——
八斗子的人間仙境

　　難得太陽晒屁股的好日子就是要出來踏青啊！請大家抱著既期待又興奮的心情跟著我們到期盼已久的「海濱公園」探險囉。

　　首先迎接我們的是65高地，這邊有個停車場，不過假日的時候汽車會塞到爆，所以建議大家還是健康一點，走路的速度可能比車子還要快唷！65高地上假日時，有許多販售各種輕食與飲料的胖卡，望著北海岸享受輕食、吹吹海風、踏青、閒聊，多愜意呀！

▼ 65 高地上的胖卡餐車

▲ 上：海濱公園外的北海岸美景
　左：海濱公園公園步道一隅
　右：海濱公園101高地的平臺

接著我們繼續往上走，大約走個10分鐘我們到達海濱公園頂端，沿路右側低矮的灌木叢穿過去就能看到美美的海景，真是令人心曠神怡。

接著到了海濱公園最高處的101高地，這裡有個大平臺，可以遠眺基隆嶼，天氣好時還可以看到北方三島（彭佳嶼、花瓶嶼、棉花嶼），偶而還可以看到遊輪進出港呢！

▼ 基隆北方三島告示牌

▲ 左上：遠眺基隆嶼 / 右上：海濱公園 101 高地一隅
左下：80 高地的白色建築物 / 右下：海濱公園景點告示牌

　　連接101高地與80高地有一條秘密通道，趕緊跟著我們一探究竟吧！沿著告示牌前進，您會感受到別有洞天的驚喜唷！

　　到了80高地映入眼簾的就是白色的建築物，這棟建築物有什麼用途呢？因為遊客們走到這裡都已經有點疲累，設立個中繼點，適合遊客野餐、填飽五臟廟，也可以遮陽、乘涼、欣賞山景跟海景，簡直是一舉多得呀！

逛完101高地及80高地的時候，你們以為這樣就結束了嗎？

別急別急，最多人朝聖的65高地要來囉！

接著我們走回來65高地，繼續往下走去望幽谷（忘憂谷）。步道的樓梯窄窄的，別只顧著看基隆嶼，要注意自己的腳下！先經過白色的樓梯慢慢走，接下來有個平地很適合一家大小或是情侶們野餐拍照的草地。建議大家繼續爬上階梯探險，在階梯上可以一飽眼福，把海濱公園裡所有漂亮的景色盡收眼底，照片中的右側海岸就是潮境公園的大平臺。

呼！終於走下來了，像是身在中國長城一樣爬了好大一段才走到下面，要記得補充水分喔。

繼續走著走著就會看見指標，來到這裡當然是要往望幽谷（忘憂谷）走呀！這樣才能忘憂一下，把工作什麼的壓力煩惱都拋到九霄雲外吧！Go Ahead！

▲ 上：65 高地連接望幽谷的階梯
　　中：65 高地美景
　　下：65 高地的山凹處

◀ 景點告示牌

 上：八斗子濱海公園制高點／下：置身海濱公園遠眺基隆嶼

　　最後，一定要來八斗子濱海公園的制高點，也就是照片上的涼亭，享受居高臨下的感覺。

　　走在這條羊腸小徑上，右手邊是美麗的海景，可以遠眺基隆嶼，左手邊則是山景，看著綠油油的草地心情不由得跟著好起來了呢！

▲ 賦歸時黃昏美景

呼！總算到達涼亭了。趕緊坐下來補充我們所耗損的蛋白質，順便欣賞風景，從這長方形的洞口看出去，就可以看見八斗子漁港，更能看見我們的學校——國立臺灣海洋大學，就在照片上白色大橋那邊！

建議大家不妨從油庫方向下山，直接走入八斗子漁港、進入漁村，接著來一趟體驗漁村之旅！希望能透我們的介紹，讓大家更認識八斗子，了解這邊其實有很多很棒的自然景觀，也讓大家多多透過戶外踏青活動，增進彼此的連結，而不是在家透過手機電腦連結彼此，一起走出戶外，擁抱大自然吧！

▼ 八斗子濱海公園制高點的涼亭內

05

八斗子觀光漁港——
假日親子、網美網帥、
毛小孩的好去處

難得假日基隆又沒下雨，去哪好呢？就一起去國立臺灣海洋大學旁的八斗子觀光漁港去走走吃吃看看，順便放放風舒緩一下被逼得很緊的小小心靈！

八斗子觀光漁港，位於基隆市中正區北寧路著名的觀光漁市，兩棟主要長形建築物，分別是「漁市場」和「飲食街」。漁市場內供應各式各樣的漁產，從遠洋、近海、沿岸、養殖應有盡有。那除了漁市場以外，旁邊的飲食街除可在店內點餐外，也可將在漁市場選購之海產交給店家代為料理。

◀ 基隆八斗子觀光漁港地標

除了觀光漁市內的
「漁市場」和「飲食
街」外，中間廣場也有
很多種飲食選擇，有胖
卡、行動咖啡車、香腸
攤車等。例如：基隆唯
二的阿里棒棒香腸攤
車，天氣熱可以喝啤酒
解暑、肚子小餓可以吃
香腸止飢，最美味的就
是——生啤酒配飛魚卵
香腸，極美味的下午茶
餐點。

除了「漁市場」和
「飲食街」之外，八斗
子觀光漁港旁邊有大片
的休閒綠地供親子活
動。攤販們會利用假日
人潮比平日多的時候特
地在此擺攤，主要以小
朋友的遊樂設施為主，
童心未泯的你也可以衝
去一起玩唷。

▶ 上：八斗子觀光漁港內的餐
　飲設施——飛魚卵香腸
　中：餐飲設施——胖卡
　下：好吃的鼎東滷味

▲ 左：八斗子觀光漁港内的遊樂設施──充氣滑梯／右：遊樂設施──電動摩托車

　　色彩繽紛造型可愛的滑梯的確很吸引人，除此之外，附近也提供出租電動車的服務給小朋友，小朋友們都玩的不亦樂乎、流連忘返。這裡還有賣風箏、泡泡水、玩具、飲料、租借腳踏車等服務，好讓一家大小都能享受在八斗子觀光漁港的美好時光。簡單來說就一家大小都可以玩在一起，參與其中。

　　八斗子觀光漁港的設計主要還是以觀光休閒為主，那除了可以在這裡買到新鮮漁獲以外，八斗子觀光漁港還設計不少讓一家大小活動的地方，例如野餐、散步遛狗、打兜兜等地方。

　　在這裡其實可以看到不少民眾帶著一家大小在八斗子觀光漁港散步遛狗，有些甚至帶著毛小孩出來交交新朋友。

此外，矗立在入口處的地標──「海功號」，也是大有來頭唷！

1973、1974年間，爆發世界糧食危機，各國都在憂心未來的糧食資源問題，當時僅有蘇聯與日本等少數國家成功探勘南極漁場，因此行政院與國科會等單位共同投入3,000萬元打造海功號試驗船。1975年7月12日下水，1975年12月24日首航，海功號進行臺灣北部漁場試驗調查，曾4度遠赴南極探測南極蝦漁場資源，第1次是在1976年12月，橫渡印度洋，經南非開普敦到南冰洋，但船隻設備完全不適合航行南極海域，回程帶回一百三十多噸南極蝦，讓臺灣掌握南極蝦加工技術，之後海功號又去了三趟南極洋，卻改撈捕南極鱈魚。至1993年1月功成身退。1995年臺灣省政府將海功號贈與基隆區漁會，1998年基隆區漁會移駁海功號上岸，成為碧砂漁港重要地標，為臺灣創下許多令人驕傲的歷史紀錄。海功號執行多達53航次海洋試驗調查，其中以1976年12月2日從基隆遠航南極恩得比海最轟動。這趟南極行，前後四個多月，還有記者隨船採訪報導，但僅捕獲南極蝦數噸，從未登陸南極大陸。

海功號工程說明告示牌

海功號

06

八斗子容軒園區——
老少咸宜的身心靈充電站

　　每次來到八斗子，腦袋浮出的就是潮境公園、望幽谷（忘憂谷）這些大家耳熟能詳去過很多次的景點，有時候還是想要去一些鮮為人知還沒有去過的景點，可是八斗子究竟還有哪些可以玩的呢？

　　今天就要告訴大家一個老少咸宜，適合都市人假日運動更適合家長帶著小孩一同親近大自然的地方——「容軒園區」，可以一覽八斗子美景，逃離都市塵囂，老少咸宜的身心靈充電站。

▼ 65 高地上的胖卡餐車

▲ 登高望長潭里平浪橋

　　容軒園區這個秘境在網路上介紹的不多，但容軒
園區可是許多攝影愛好者都知道的好去處之一呢！

　　是否迫不及待的想知道這個秘境在哪呢？就跟著
我們一起去一探究竟吧！

▼ 遠眺八斗子美景

▲ 左：容軒步道方向告示牌
　 中：容軒步道系統圖
　 右：容軒步道方向告示牌

◀ 容軒步道的階梯

看到這個指標了吧！準備踏出我們前往容軒步道的第一步吧！

當然了在踏出步伐前，先來看一下容軒步道的地圖。

其實容軒步道的入口有很多個，如果逛完整個容軒園區大概需要1個小時的時間，大家可以選擇喜歡的入口開始你的奇幻之旅喔！

今天，我們來到的是最靠近海科館車站的入口，只要看著入口處的指標就知道怎麼走了。

看著這一階階的階梯就是要通往我們容軒步道的道路啦！

不過整個容軒步道都是以階梯的方式爬山。累是會有代價的，一大片的美景正在等我們呢！

沒想到，當覺得很累時剛好看到平臺跟椅子呢！

園區內體貼的設計，為了讓不擅長爬階梯或是爬山的人不要太累，所以爬了一小段路之後就會有平臺跟木椅供人休息，真的很適合讓老年人或是不常接觸運動的人來體驗，而且平臺那邊也非常適合拍照，當陽光灑下時那沐浴在陽光下的美景殺了好多底片呢！

到了步道的前段，眼前所看到的都是翠綠的樹木，但隨著高度越來越高，眼前的景觀也會變得截然不同。

越爬越高，開始沒有高樹的時候，就可以漸漸看到八斗子的大海了。到了最高點就是容軒亭！

▲ 階梯步道內供遊客休息的平臺與木椅

▼ 容軒步道內的美景一隅

　　雖然名叫容軒亭，但其實它就是個平臺，所以也被稱作容軒平臺，在這個平臺可以俯瞰整個八斗子呢！

　　當爬完一段步道來到了這裡，一定能感受到容軒亭的清幽，也一定會覺得爬上來非常的值得，能夠拍出美美的照片，來一張意境照也很不錯呢！看著碧海藍天心情也都好了起來。我們私心覺得這裡是最好的拍照景點，也是許多攝影高手的私藏景點唷！在這兒還可以用不同的視角看潮境公園和長潭里漁港。

　　除此之外，從另外一邊看過去，可以看到八斗子漁港和海科館喔！

◀ 上：容軒平臺
　 中：遠眺長潭里漁港
　 下：遠眺八斗子漁港和海科館

▼ 容軒亭

▲ 容軒步道下山美景

之後，我們從另一條路下山，又是另一種不一樣的感覺，容軒步道很值得來玩的一個地方是沿路你看到的景觀、動植物都不一樣，尤其是小朋友來到這個地方，絕對不會嫌無聊。

這裡還有一個最特別的地方，那就是容軒步道在許多地方都會有看板，都是在介紹你現在所看的景觀有什麼值得學習的小知識或是一些地方的小故事。這次我們也學到了很多原本不知道的新知識呢。

▶ 上：森林裡的鳴鳥解說牌
　下：放水燈的由來解說牌

▲ 容軒步道下山步道

　　在爬完容軒亭之後要下山的時候，發現其實在第一個平臺的旁邊其實還有一條小支線，因為大部分的人都會直接衝上山然後就下山回家了，許多人都不會去注意到這條小支線。所以建議大家還是多多看看比較好，不要直接衝回家喔！

　　在走這條路線的時候，前段就像是山林裡面一條隨時都會迷路的小路，但越走到後面就會看的旁邊的植物變得不太一樣，路面也是經過整修的水泥步道，有時還會聽到旁邊好像有海浪打上岸的聲音，等到我們能看到外面的景觀的時候才發現，原來我們快到八斗子車站了！

　　容軒步道真的是一個很好的地方，來這裡可以放鬆心情又可以看美景，是一個適合家庭又適合情侶朋友的好地方，同時還可以運動一下！

▲ 臺鐵海科館站

　　容軒園區距離基隆火車站開車約為20分鐘，或者如果選擇坐火車的人們，可以搭到海科館或是八斗子站然後再用走的到步道入口喔！

　　最後，附上我們細心為大家繪製的容軒地圖，雖然地圖看起來很像一隻烏龜！由衷希望大家在這個秘境裡慢慢走、慢慢玩，玩得開心喔！

▼ 容軒園區簡易地圖

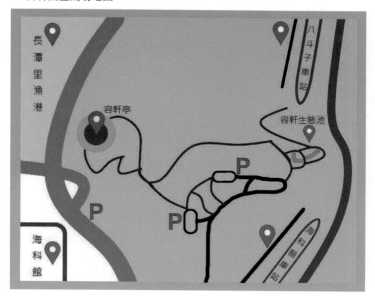

07

鎖管季——
北部最有名的海釣趣

　　「南『東港黑鮪』，北『八斗子鎖管』」。到了夏天就是要吃當季新鮮的鎖管，但是如果只是去漁市場買回來吃，就太遜了！來到八斗子漁港，就是要白天逛漁村；晚上搭乘娛樂漁船出港捕鎖管，盡興玩樂、體驗深度旅遊。

　　一起跟著我們體驗海上最熱門的休閒娛樂漁船活動，還有暑假基隆最主要的活動——出海夜釣吧！

　　近年來，因為現代人想要玩樂的方向跟以前不一樣了，開始從陸上往海岸發展，進而朝向刺激的海上休閒活動，於是越來越多人想搭船到海上玩樂。又因氣候變遷、過漁、海洋汙染等因素影響下，致使漁獲量不如以往，所以傳統漁業漸漸轉型朝休閒娛樂發展。

　　休閒娛樂漁船上的服務項目有兩種，第一種是「導覽海岸風光」，從八斗子觀光漁港出發往東觀賞酋長岩、象鼻岩、蝙蝠洞（岩石景觀、小蝙蝠）、陰陽海，還有鼻頭角。藉由搭乘娛樂漁船便可以在海上從各個角度去欣賞岸上的地形地貌。第二種則是「沿近海／遠程釣魚活動」，顧名思義就是帶釣客出海進行海釣，從白天到晚上都有不同時段可以選擇，船型也可以大致上分成兩種，分別是CT2和CT3。CT2船

型最多可承載32人，不過通常18人即可出船，CT3比較大，最多可以承載44人，34人即可出船。

　　沿近海最盛行釣白帶魚，一方面是因為量多，另一方面是因為拉起來有重量，比較有釣魚的感覺。不過，沿近海也不是只有白帶魚而已，還有其他主要魚群，例如「花飛（臺語）」，也就是平常常吃到的鯖魚、巴朗或者四破魚（臺語），也就是常見的竹莢魚。

▼ 花飛（鯖魚）

在基隆，娛樂漁船以載客進行海上導覽及海釣為主，夏天適逢放暑假時，常常船班報名表一PO網，過兩三天而已週末的航班就幾乎客滿了！但是，冬天東北季風盛行的時候，觀光客就不太想參加海釣因為風浪大怕暈船；其次，很多人都有個迷思覺得冬天魚可能會比較少。其實不對喔！冬天的白帶魚還有深海魚其實最肥美，職業釣客是不會被風浪影響的，還是可以搭船出海釣魚。

　　話不多說，接下來就帶大家來看看娛樂漁船的夜釣是什麼樣子！

　　我們搭乘的船是玉龍號，屬CT3型的娛樂漁船。今天的行程是海上夜釣及夜訪鎖管，穿好救生衣，一上船就看到船家為大家準備的豐盛餐

點，有滿滿一盤鮮美的小卷、基隆天婦羅、炸丸子和一大鍋味增小卷米粉湯！吃飽喝足後，天色也漸漸暗下來，此時船已經緩緩地在準備出港！

◀ 玉龍號上的美味餐點
▼ 休閒娛樂漁船——玉龍號

吹著海風，船上的廣播忽然傳來船長叫大家往前看的聲音，海面上黑黑的那一片竟是一大群魚！而我們也正緩緩地往那一片魚群靠過去。

▲ 八斗子外海美景
▶ 集魚燈吸引魚群

停到定點後，船長吆喝一聲：「下燈！聽我指令，開燈！」

船上的工作人員便紛紛在船前中後段的兩側放下用來吸引魚群的燈，同時船上的集魚燈也開了起來，海上瞬間變得燈火通明，船長說船上開燈是為了吸引遠方的魚群。

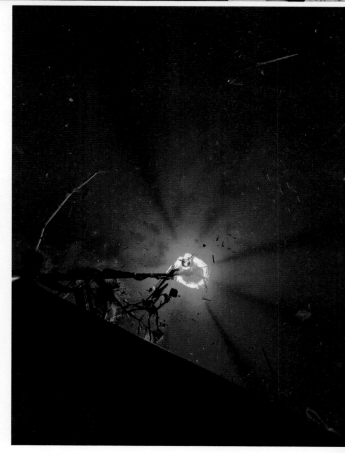

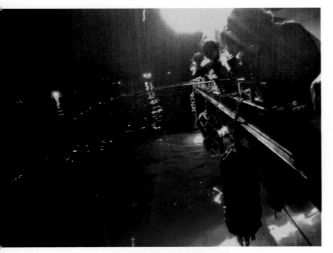

▲ 釣客們大展身手釣魚

船長簡單的和大家說明怎麼使用釣竿後（真的很簡單），大家就大展身手開釣了！

船長說：「嘿，我說放多深，你們就下多深！這裡魚很多，你不想釣到還沒辦法咧！」

我也摩拳擦掌躍躍欲試，跟著船長的指示下了竿，時不時的抖、抽，最後再放一下，船長說動來動去看起來比較像真的魚！

不過，說時遲那時快，我的釣竿忽然動了一下、又接著被扯了一下！趕緊請求船長支援來收線。我也釣到啦！數了一下，一、二、三、四、五！竟然有五隻耶！難怪那麼重啊！超級有成就感，好興奮！

▼ 小編收穫滿滿

▼ 白帶魚手到擒來

▲ 現釣現煮的新鮮漁獲

　　接下來，就要離開這個釣點準備去夜訪鎖管了。漁船往下一個點航行的同時，船上的工作人員也把剛剛大家釣到的鯖魚跟秋刀魚拿去烤給大家吃，現釣現烤的鯖魚，哇！真的是好香好新鮮啊！

　　緊接著，很快就到了夜訪鎖管的水域了，船上工作人員把船兩側的竹竿撐開，船長說這是為了將漁網撐開，布下天羅地網之後會將船上的集魚燈都關掉，然後在水裡放一個水下燈讓鎖管往漁網裡面跑，接著再快速的把網子收回來，就可以捕撈到鎖管。

▼ 捕撈鎖管過程（一）

▲ 捕撈鎖管過程（二）
▶ 滿滿的新鮮漁獲

　　接下來，就看船長跟工作人員在船尾放漁網，然後漁網就被兩邊的竹竿撐開，緊接著就放下了水下燈讓鎖管往漁網中間聚集，大家都屏息以待等著看今晚的收穫！

　　就這樣下網一下下，大家都很好奇，到底這麼快速下網的時間可以補到多少鎖管呢？沒想到竟然有這麼多吧！滿滿一盆的鎖管，其中還混了幾隻魷魚（圖片中看起來銀亮銀亮的就是魷魚），還有一隻秋刀魚。

剛釣上來的小卷可以生吃，非常新鮮，也吃得出小卷的鮮甜，感覺到它的吸盤還在吸，非常深刻有趣的體驗！不敢生吃的人也不用擔心！

　　船長馬上把剩下的小卷直接在旁邊用海水川燙，船長特別說川燙鎖管一定要用海水，這樣燙起來才會紅、Q才最好吃！

　　如此鮮美的小卷，一上桌，馬上就被人一掃而空。

　　時間也差不多了，於是吹著海風，我們又慢慢的回到了港內結束了今天的夜釣之旅。今天搭乘的玉龍八號，是八斗子漁港內所有載客出去海釣的船中，唯一一艘有捕撈鎖管設備的休閒娛樂漁船唷！

　　想搭乘娛樂漁船出去海釣？沒有問題！休閒娛樂漁船不限制性別，女生也可以上船而且釣得到魚，非常適合家庭旅遊。出海夜釣也有分很多時段，有夕陽晚霞班17:00～21:00、午夜星空班22:00～02:00、海上日出班03:00～07:00、以及白天新手班07:30～11:30，各年齡層都可以一起來玩樂體驗。

　　今年暑假你還在等什麼！快來體驗看看基隆的夜釣航班吧！

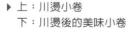
▶ 上：川燙小卷
　　下：川燙後的美味小卷

08

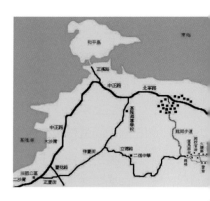

槓子寮砲臺——
「戰」時忘記連天烽火

　　基隆的槓子寮砲臺位於信義區的山上，而且鄰近國立臺灣海洋大學的龍崗生態園區。一起來享受「戰」時忘記連天烽火吧！

　　槓子寮砲臺興建於日治時期，直至民國87年（1998年）6月23日才由臺灣省政府公告為省定二級古蹟，屬於關塞類。因為位在信義區的山頂，屬於基隆市眾多砲臺之中較晚重整的古蹟，也因為交通較為不便而使砲臺保存更加完整。

▼ 槓子寮砲臺解說圖

▼ 槓子寮砲臺上的步道

08
槓子寮砲臺——「戰」時忘記連天烽火

▲ 槓子寮內的防空洞

　　整個槓子寮有非常多的防空洞，看到這些就能感受到當時一定經歷了許多可怕的戰爭。小編上網一查得知，清朝道光二十年（1840年）鴉片戰爭、光緒十年（1884年）中法戰爭，甚至中日甲午戰爭後日本人接收臺灣之際，臺灣頭的基隆港都難以避免，所以槓子寮砲臺也參與了這幾個有名的戰役。

　　槓子寮砲臺乃監控八斗子海面的要塞，明治三十四年（1901年）3月開始施工，至明治三十七年（1904年）10月完工。明治三十六年（1903年）4月開始備砲，明治四十一年（1908年）3月完成，共計歷時7年。

▼ 防空洞的內部

砲臺區內有許多像這種當時留下的防空洞，每一個都長得不太一樣，各有不同的功能。基隆市政府為了要保護這些古蹟，也為了要讓遊客了解它的歷史，特地在一旁立了解說牌，說明每個區塊的緣由、歷史樣貌與功能。大家來這邊遊玩時，不妨仔細的觀看了解砲臺內的布局與每個區域的功能。

這裡也是一個很特別的地方喔！看著這間屋子，彷彿看到許多上級長官聚集在裡面開會，所以我認為這間屋子原本應該是討論軍事戰略的會議室。就外觀大小及位置的座落點來判斷，應不是存放彈藥的庫房！

◀ 上：庫房區解說牌
　　下：槓子寮砲臺附近一隅

接下來，帶大家看看
這個階梯，有沒有覺得它
很短，其實這是為了讓職
守的人方便行動才建造
的，但現在卻是成了讓我
們看到基隆最美麗的景色
的便道。

順著這個階梯，一直
爬呀爬！爬呀爬！就可以
欣賞這美麗的整個八斗子
的景色，記得要隨身攜帶
防蚊液，以免被小蚊蟲叮
咬，留下不美麗的記憶。

▶ 檳子寮砲臺的階梯步道

▼ 左：檳子寮砲臺內的美景一隅
　 右：自檳子寮砲臺遠眺八斗子漁港

▲ 檳子寮砲臺的步道

砲臺附近還有大型步道，原是讓戰車行走的路線。栩栩和風吹過，三五好友來這裡，慢慢地散步、體會心靜自然涼，大自然的芬多精讓人精神抖擻！接下來帶大家來到大砲臺的遺跡。

這裡是榴彈砲座，它具有360度的砲軌，可以自由選擇發射的角度。為了避免被敵人發現，因此設在此山凹下，由於長期積水，砲座內還開滿了蓮花，是不是很特別。

▼ 檳子寮砲臺內的榴彈砲座

每一個防空洞和秘密通道，都有不一樣的作用，有些是防止大砲打過來，有些是保護軍人的安全所設置的秘密通道，對於現在都是非常難得的古蹟，親自走一趟你就會有回到日治時代的感覺。

這步道真的很美，就連拍背影都是個好背景。爬完了這個槇子寮砲臺，心裡又多了好多好多歷史，不要以為這邊很大，其實爬完這整座槇子寮砲臺不用一個小時，還能慢慢欣賞景色、詳讀解說牌，不管是家庭出遊或是與朋友一起來都是非常好的選擇。不但可以呼吸新鮮空氣更能放鬆心情，把煩惱拋出腦外，一舉多得。

登上槇子寮砲臺的路線很多，建議大家選擇不同的路線進行踏查，其中一條路線，不妨要走進國立臺灣海洋大學的龍崗生態園區，裡面有多種植物可以觀賞、夏天還有螢火蟲季，還可以登高望八斗子。

八斗子，除了海鮮、漁村與漁港等海洋風情外，也有歷史悠久保存良好的砲臺等您來認識唷！

▶ 上：槇子寮砲臺內的通道
　 下：龍崗生態園區步道解說牌

09
五坑山——
八斗子的神秘後山

八斗子依山傍海，充滿許多秘境等待我們發現，一起來探訪八斗子的神秘後山——「五坑山」！

早在清代的時候，這裡就被人們發現蘊藏著當時最重要的資源之一——「煤礦」，這座山在日治時期就被日本拿來當做軍事要地，裡面還有砲臺遺跡。

◀ 五坑山的步道

　　這是一段人跡罕至，沒有太多遊客打擾的天然秘境。蓊鬱的植被、旺盛的生態，沿路美妙悅耳的鳥啼聲不絕於耳。走進此步道，保證讓你把世俗的煩惱通通遺忘掉。

　　平緩好走的坡道，卻有著如溪頭等高山的幽靜氛圍。大口深呼吸，滿滿的芬多精保證淨化你心。地貌豐富的八斗子，讓你前一秒還惦記的鹹鹹的海風，下一秒就陶醉在原始森林的擁抱。

　　當時會發現五坑山這個神秘步道是有個小故事的，當初前往容軒步道探勘時，倚在半山腰觀景臺休息時，恰巧回頭一瞥望見八斗子的後山竟是如此連綿不斷。山谷中還有山谷，如此之神秘，激起了我們的好奇心。決定使用祕密武器──空拍機，替我們去後山探探路，比對了方位和地圖，還真的讓我們找到了這個被遺忘了的古道。

▼ 五坑山內一隅

▼ 五坑山內綠意盎然

途中經過一個石柱，可以清楚看見總督府這三個字，這條登山路線因此命名叫總督嶺古道，石柱的完整度令人驚嘆不已，也許正是因為遊客稀少才能如此屹立不搖吧！上頭寫著明治三十五年（西元1902年）六月三日，更為這條秘境古道增添了歷史感。

爬了很久之後終於找到了此行的目的地之一，砲臺遺跡。雖然早就沒有砲臺的蹤跡，但基底依舊十分完整，旁邊還有一個小石柱，刻著代表陸軍的陸字，如果還保留著完整的砲臺，或許會吸引更多人造訪。

此地居高臨下，鎮守海疆，易守難攻，東北側的山谷即是清代的八斗子官礦，又稱為清國井，光緒10年（1884）清法戰爭時法軍曾進攻基隆，試圖尋找並占領該礦場，以確保軍需用品煤炭的供應無虞。

光緒10年（1884）清法戰爭期間，法軍覬覦基隆豐沛的煤礦資源，便派遣軍隊攻打基隆，清軍為抵制海上強權的威脅，遂於基隆沿海制高點樹立起層層砲臺防線防守，五坑山之砲臺遺跡亦為當時之重點防線。五坑山砲臺遺跡可追朔至此戰役期間，光緒11年，法軍退出基隆，而五坑山之砲臺遺跡日後則由日治時期由日本接管。

◀ 上：總督府石柱
　　中：五坑山内的砲臺遺跡
　　下：五坑山内的「陸」字小石柱

▲ 在大坑洞內堅守要塞

　　地表上的大坑洞，是
這裡曾為戰場砲臺的遺跡
證明，至高的視野守護整
個八斗子沿岸不受敵軍的
侵擾，八斗子海岸為北臺
灣重要的門戶所在。

　　過了砲臺遺跡不久就
是五坑山的最高點——大
坪頂觀景平臺。就如同它
的名字一般，山頂是一片
寬廣的平地，讓人有一種
豁然開朗的感覺。

▶ 上：五坑子內的階梯步道
　　下：五坑山上的大坪頂觀景平臺

▲ 左：遠眺基隆嶼
　右：遠眺八斗子漁港
　下：五坑山美景盡收眼底

　　讓人意外的是，山頂竟然可以眺望八斗子漁港跟基隆嶼，等於是將山跟海的景色一次盡收眼底，同時也是一個看日出的好地點呢！

　　接著我們從另一條路離開觀景平臺，前去尋找這趟旅程的下一個目的。

　　繼續往下走之後岔路左轉即可與五坑山最奇特的樹相遇，大家都叫它夫妻樹，它的基部出土後長出兩個粗細相近的枝幹，看起來就像夫妻相依偎的樣子，加上樹瘤剛好長得與女性特徵相似，因此而命名，大自然果然鬼斧神工啊！

　　走完夫妻樹就結束我們這天的行程，一路上都沒遇到人就彷彿五坑山被我們獨占似的，也許我們所探訪的只是五坑山的一角，等你來發覺它不為人知的一面！

▲ 五坑山內的夫妻樹

10

國際帆船賽暨臺琉國際帆船賽——
真正的隨風航行者

　　看到這個標題大家一定會覺得霧煞煞，沒有關係！今天就跟著我們一起來揭開年度帆船賽事的神秘面紗吧！

　　相信大家對帆船都比較陌生，帆船是完全利用風來調整角度航行，不過每條帆船也會裝設引擎輔助方便船隻進出港，但在比賽的時候是不能開引擎的。這個賽事還有賽段會拉到日本的宮古島，聽起來是不是很誘人呢！跟著我們一起去比賽吧！

▼ 隨風航行者——帆船

▲ 上：帆船競賽／下：八斗子星晨碼頭

　　盛大的開幕式展開了帆船賽事的序曲，開幕結束以後就是選手會議，一個隊伍只能有兩位來聆聽，開選手會議的目的是為了告訴選手一些注意事項，例如場地限制、標物顏色、航線說明等等，雖然這些都會公布在航行指示書中，不過也可能會有變動。繼開幕式後，另一個讓選手興奮的活動就是選手之夜，每位選手在海上是對手，回到岸上又是朋友了，承襲了大海包容萬物的精神。

Part 1　基隆嶼繞島賽

　　這次的比賽一共分為三場比賽，第一場是基隆嶼的繞島賽，沒有錯！航線就是繞行基隆嶼一圈，帆船比賽的規則其實很深奧，打個簡單的比方，就像平常在玩的賽車比賽，誰先到了終點線誰就贏了，但帆船賽比較特別的是有五分鐘的時間準備起航，通常會由一條競委艇和一個標物（Mark）連成一條虛擬的線，我們稱之為起航線。帆船於起航訊號發出後的五分鐘起航，選手們要隨時注意競委艇上展示的旗幟，如果不小心越線就必須參照帆船競賽規則第30條，就得解脫然後再重新起航，如果沒有遵守規則，這次航程的成績就會是OCS（未起航）成功。起航後就可以航向標物，這次的標物是大大的基隆嶼，繞行一圈完成者回到終航線就完成賽段。帆船的規則在全世界是適用的，所以帆船不僅是要會駕駛，還必須掌握規則，才能完美的完成一場帆船比賽。

▲ 秩序冊中的航線圖

　　聽完講解後，讓大家看看秩序冊中的航線圖，右下角和Start Boat連成一線的就是起航線，大會提供了基隆嶼的經緯度，不過主要還是會以當下的風速及流速來決定航行路線。

▲ 帆船出海競賽

　　一早選手們就到了港邊整理自己的船隻，所有的裝備必須再檢查一次，出海的時候實在不能開玩笑呀！你永遠不會知道危險什麼時候會發生，不過這張照片是不是很壯觀呀！一年一度的經典的帆船盛事要準備起航，表訂時間是十一點整發起航信號，不過每位船長都提前到起航線做準備，目的是為了要觀察風象、流速等等，以便尋找一個起航時的最佳位置，讓起航時能夠領先，下面圖片中看到的是我們正在以「之」字行的方式航向基隆嶼，前面有提到全程是需要靠風航行，所以你看到帆型的角度都是依據風向調整，然後反映在速度上。

▼ 選手在八斗子星晨碼頭內做起航準備

▲ 帆船上所有人員各司其職

跟著月光鮪魚出海吧！這次比賽在成績計算共分為兩組，考慮到每條船隻不同的GPH（各船數值），終航後的成績還需要經過計算才能知道分數。有一件非常重要的事情要告訴大家，出航時全程都要守聽VHF（無線電）16頻道，但因為進行比賽的因素，大會規定我們必須守聽72頻道，這是競賽中各船隻和大會聯絡的頻道，大會隨時有什麼事情要公布，也會在72頻道告知各船。

航行中，瞭望是非常重要的，隨時注意附近船隻的狀況，遠離麻煩並且注意水中的垃圾、標流木、漁網等等，因為帆船不像一般的漁船或遊艇，船底下有一根長長的龍骨，在比賽中如果卡到東西，航速會嚴重的受影響的，所以瞭望手在比賽中的角色是非常重要的。

起航後大家一起航向基隆嶼，比賽過程中是非常嚴肅的，每位選手都專注在自己船隻的航線上面，一時一刻也不能鬆懈，隨著不斷改變的風向來調整帆及航向，一場帆船賽遇到小風時，就是在考驗各選手的耐心，所以學習帆船不只學習到開船的技術，也可以修煉身心靈。

▼ 各艘帆船航向基隆嶼

▲ 重型帆船——玫瑰天空三號

　　我們終於抵達基隆嶼旁邊了，圖中的這艘船是玫瑰天空三號，也是這次比賽中最大的船。玫瑰天空三號船長60呎，在他旁邊看真的非常壯觀。基隆嶼已經五年沒有開放，據聞整修後將開放登島，有興趣的人可以密切注意基隆市政府的公告，基隆嶼神秘又壯觀的景色，相信大家一定很想一探究竟。

　　因為基隆嶼旁有許多大大小小暗礁所以船隻不能太靠近，瞭望手要隨時注意，並且要密切注意航儀顯示的水深，由於全程是靠風航行，所以許多船隻還是會與基隆嶼保留遠一點的距離以防萬一！

比賽結束後，大家紛紛回到八斗子漁港星晨碼頭內。緊接著，又開始忙進忙出整理器材，以及用淡水沖洗船體。因為出海後，船上會有鹽份，為了避免船具損壞每個細節都需要仔細沖過淡水。

為了隔天的遠洋賽，船底的檢查也是不能少的。整理完船隻後就是每位選手最期待的頒獎典禮。

這次月光鮪魚在繞島賽獲得了B組第五名，大家在晚會舉杯慶祝聯絡感情。

◀ 上：繞島賽結束後船隻返回八斗子
　　星晨碼頭靠港
　　下：沖洗船體為明天的賽事作整備
▼ 2018 基隆國際帆船賽頒獎典禮

Part 2 前進宮古島競速

　　隔天就是第二場比賽，賽程是由基隆到宮古島的賽事，一大早就到船上做最後的檢查，除了檢查船隻，移民署的人員也會到比賽現場替我們辦理出境。

　　報完關後就準備出港，起航信號發起後每艘船都會經過判斷後走不同的航向，這次到宮古島大約是200浬的距離，我們一共花了30小時才抵達，在出航後沒多久我們就展開了球帆，就是圖中藍色的帆，在比賽中最難控制的就是它。除了很顯眼外，也可以提升船速，但需要水手互相配合才可以完美控制。別看它就是那樣子，是需要一直不斷的拉放拉放。

▲ 上：等待檢查準備起航
　 下：起航出發通過防波堤

▼ 揚帆競速挑戰操船技術

航行時間30小時，食衣住行都必須在船上解決，是不是感覺很美味呀！尤其是在黑潮上面吃到船長掌廚的西班牙海鮮燉飯，吃下去的那刻真的是非常非常的幸福。其實船艙內是有個廚房的，但是為了方便整理，以及欣賞海景之便，我們就在甲板上用餐。在船上的時間總是過得特別快，一下子就傍晚了，海上每個時間的景色都非常壯觀難忘。

馬上就迎接了夜晚了！這是水手最需要全神貫注的時候，因為在海上航行是完全黑暗的，所以除了要開啟航行燈外，還需要穿上救生衣及繫上安全繩，船員會分時段值班，其他沒有值班的時間就可以到船艙內休息，為隔天的航行做準備。

這是在黑潮上拍攝的船底，最長的那一片就是帆船的「龍骨」，中間的是螺旋槳，最後則是最重要的「尾舵」。圖中的藍色零修圖，我們稱它黑潮藍。

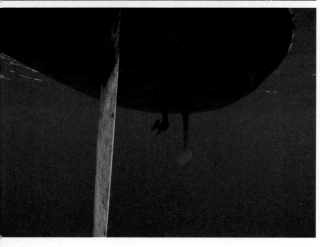

◀ 上：大家在船上享用西班牙海鮮燉飯
　　中：帆船夜間航行當值
　　下：帆船尾舵與黑潮藍

▲ 賽程結束抵達宮古島

▶ 上：日本海關上船檢查
　下：人員進關檢查

　　隔天下午五點我們終於
到達宮古島啦！把船纜繫在
岸上的那一刻也放下了心中
的大石頭，其它船隻也陸陸
續續地抵達。

　　抵達港口後，我們不能
馬上上岸，需要先讓日本海
關上船檢查才行。

　　船上檢查結束後，我們
帶著護照到港口旁的臨時櫃
臺入關，最後一個流程結束
了，隔天就是選手們的自由
時間和休息時間。

▲ 帆船桅杆配藍天

▼ 帆船與魟魚的相遇

Part 3　宮古島繞島賽

　　抵達宮古島的第二天，就是這次的最後一場比賽，桅杆配藍天是不是很療癒。繞島賽到途中看到一條非常大的魟魚，除了在水族館看過久沒有在其他地方看過了，海上總是能帶給我們那麼多意外的驚喜，你能不愛上它嗎？

▲ 帆船與雙子星號的相遇

▼ 臺琉盃頒獎典禮

比賽結束，返回碼頭時，我們遇到了雙子星號。

最後的頒獎典禮，大家又曬得黑黑的，獎盃是沖繩有名的泡盛，這也是全體帆船人最喜歡的東西，在一陣喧鬧過後，比賽真的結束了。大家又回到各自的崗位，期待各位明年相見。聽我們介紹完，是否也想體驗帆船遊憩活動呢？

11

搭乘遊艇悠活海洋——
量身訂做的海上休閒
遊憩活動

今天我們要告訴大家怎樣用不一樣的角度玩基隆，本回呈現的主題就是遊艇！雖然遊艇產業在臺灣其他城市也有，不過基隆的可是特別不一樣唷！

讓我們一起上遊艇體驗水上活動囉！乘船地點在八斗子星晨碼頭，這邊是距離臺北市中心最近的遊艇碼頭，開車不需要一小時就可以體驗這些水上活動，是不是很誘人呀！

大家對遊艇一定很陌生，不知道遊艇有什麼好玩的對吧，跟著我們一起來開眼界吧！今天要搭的遊艇是艾娜號（ANA），她停在基隆八斗子星晨碼頭的一號浮碼頭，快跟著我們一起上船探險吧！

登上遊艇，映入眼簾的是交誼廳，內部給人很悠閒、放鬆的氣氛，前方還有駕駛臺，是否想要操作看看模擬當遊艇駕駛的感覺。

艾娜號（ANA）總共有三層甲板，如果想休息的朋友，可以從駕駛臺旁邊一個樓梯走到下層船艙，內部有兩間臥房、一間浴室以及小型交誼廳。最上層的甲板還有一個可以享受乘風破浪感覺的駕駛臺唷！

1	
2	
3	4

▶ 1 遊艇內部的駕駛臺
  2 遊艇上層甲板的駕駛臺
  3 遊艇內的交誼廳
  4 遊艇內下層甲板的海上 KTV

▲ 船上工作人員進行下錨工作

　　參觀完遊艇的內部裝潢，即將出航了。坐在船頭吹著海風，是否也越來越期待等會兒的活動呢！出港時，船左舷對著紅色燈塔，船右舷對著綠色燈塔，我們一路往象鼻岩的方向開去。約莫20分鐘的航行時間，我們抵達了目的地「昭明宮淺灘」，隨即在水深12米附近處下錨，下錨是為了固定船身，不讓船在靜止時，隨著風浪漂走。

　　下好錨之後，大家就就準備下水啦！艇尾的升降跳水板，一般是固定且與船尾的高度平行，但當遊客要進行水上活動時，就會調整成活動式，讓遊客方便進入水中。遊艇下錨工作完成之後，艇尾的升降跳水板就會放下，讓大家下海遊玩。因為要從事的是水上活動，所有人都必須穿著救生衣才可以下水，救生衣總共有五個扣鈕需要扣好，三個在胸前，剩下兩個要從屁股後面繞過胯下扣到前面。本回活動中有多位負責海上戒護的人員，分別是穿著亮橘色制服的海洋種子（遊艇管家）和深藍色制服的昇鴻遊艇管理公司員工，他們全程都會注意我們的安全，協助我們上下遊艇及進行海上遊樂活動。

▲ 上：大家陸續坐上香蕉船
　　下：海上香蕉船活動

▲ 上：海上可進行多種休閒活動
　　下：專屬於我們的海上愜意玩樂

　　　居然在基隆八斗子可以玩到香蕉船，這應該是北
部首例吧！

　　　除了香蕉船，還有獨木舟及天鵝可以乘坐，不知
道大家有沒有注意到水中的繩子，這些都是防止我們
被海流流走，確保安全的防護用具！就像在媽媽肚子
裡的臍帶一樣，各位有注意到了嗎？即使是游泳健將
和救生員都必須穿上救生衣。

◀ 上：遊艇與香蕉船　　　　▲ 上：香蕉船翻船前的準備
　　一同前往象鼻岩　　　　　　下：完美飄移下的翻船
　　下：坐香蕉船從海
　　上看象鼻吸水

　　就讓我們來說說在海上玩香蕉船的經驗吧！本次活動的另一個主角就是活塞教練，我們搭乘艾娜號出去完成定點下錨後，活塞教練就開著另一艘小型遊艇，帶我們進行海上香蕉船的遊樂活動。

　　教練用小型遊艇拖著我們去象鼻岩，第一次從海上的角度觀看象鼻岩，完全是大象在吸水，陸地上的朋友們應該都十分羨慕我們可以在海上觀賞。

　　坐香蕉船就是要翻船呀！觀賞完象鼻岩後，活塞教練準備要狠狠把我們甩到海裡去了，活塞教練的一個瞬間飄移，我們全都不見了，看這浪花有夠狠，不過在水裡真的超涼快超舒服！

我們剛開始對遊艇的想像，都僅限於包船在上面開Party、有錢人才會玩的休閒娛樂。但經過這次體驗，我發覺遊艇並不是那麼不可親近，其實遊艇可以變化的水上活動類型很多，可以加入浮潛、香蕉船、SUP及獨木等設施。如果夏天想玩點不一樣的，那就來搭遊艇吧！

快樂的時間總是過得特別快，伴隨著夕陽和音樂，我們一群人在黃昏前回港了，這就是我們在基隆八斗子星晨碼頭體驗到的海上半日遊，您是不是已經忍不住要放下手邊的工作帶著家人朋友來體驗了！

說了這麼多好玩的水上活動，今年暑假還不趕快找一群朋友來基隆玩，不用大老遠跑去國外或離島了！

▲ 今日海上遊程的完美合照

旅行發現的生活智慧

如果想參加這個遊艇行程的話，請注意：

1. 衣著方面，不一定要穿泳衣，以輕便衣物為主，記得要帶換洗衣物喔！

2. 如果會暈船的人，請在30分鐘前吃暈船藥。

3. 一切你覺得需要的防曬用品，如太陽眼鏡、薄外套及帽子等。

4. 最重要的一點，為了自己的生命安全，一定要聽從教練及工作人員的指示操作器材。

12

海上帆船體驗──
隨風漂流從不同的角度
體驗海洋的美好

來到基隆八斗子就會想到藍藍的大海、溫暖的陽光與鹹鹹的海風。之前也介紹過八斗子附近的玩耍景點和看海。但是,今天要告訴你一個很特別的海上體驗唷!這個活動不僅可以一覽海上與陸上的景色,也可以從不一樣的角度欣賞海洋。就和我們一起航向偉大的航道吧!

我們今天要搭的船是停泊在一號浮碼頭的「遠平號」,注意!是右邊的那一艘喔!

▼ 八斗子星晨碼頭一號浮碼頭

將將將將！右圖的船隻就是今天的主角啦！我們迫不期待地要上船了，船上有許多繩子跟扶手可以拉，用來輔助我們上船，除了這個功用之外，這些繩子在帆船航行時也是很重要的，可以避免人員落水。

上帆船第一件事就是要「脫鞋子」，船長說因為一般鞋子的鞋底都是黑色的，如果在船上摩擦產生黑色痕跡的話，會很難將痕跡擦掉，所以建議想來搭帆船的遊客可以穿橡膠鞋，例如native，才不會讓船產生痕跡唷！希望大家都能好好愛護帆船。

上船後帆船並不會馬上開航，我們要先下來到船艙了解一下船上的配置及最重要的安全措施。

▲ 遠平號外觀

介紹一下我們的船長，今天為我們開船及介紹帆船的就是經驗豐富的船長——凱文哥，他曾經開帆船到很多地方也參與過許多帆船賽事，可見他對帆船的了解一定很深入。

▼ 遠平號船艙內裝　　　　　▼ 船長解說船上的安全設施

▲ 上：帆船內的折疊餐桌
　 中：充氣式救生筏
　 下：遠平號上的救生衣

首先，凱文哥先向我們介紹擋在我們雙腳前面的這塊大木板，一開始看到這塊木板的時候，心想這麼小塊的板子能放什麼東西呀！原來，這其實有一個特別的設計，別看他小小的沒什麼，但是把旁邊的木板接在一起就可以是一張讓大家一起用餐的大餐桌呢！因為在小小的帆船裡面，不管是什麼東西都必須要節省空間，不然會讓整艘帆船顯得很擁擠，所以才會做這種設計。

再來是放在木板桌旁邊的這袋白白的龐然大物，其實這白白的袋子裡面是充氣式救生筏，萬一不小心有什麼意外發生，救生筏可是個很重要的救命工具，為了避免乘客不知道救生筏要怎麼使用，袋子上面畫的正是救生筏的使用方式，所以不要輕易忽略它喔！

除了救生筏之外，船上非常重要、不可缺少的配備——救生衣，也是介紹重點之一。船上救生衣的數量一定比搭船的人數還要多，以保證全部的乘客都有救生衣，也能保障遊客的安全。而帆船內備有的救生衣具人臉自動扶正的浮袋，因為怕遊客在戲水的時候不小心昏倒，所以有特別的浮帶，不會讓遊客在水中昏倒時臉部朝下。

另外，在風浪狀況不大、天氣好的前提下，航行時遊客其實可以不用穿著救生衣，因為風浪好的時候，帆船其實是很平穩的，但是船上一定都會備有數量足夠的救生衣，所以不必擔心。那如果是停船下錨後，想要到海上玩水時，就一定要穿著救生衣才能下水。

聽完解說後深刻地體會到，一個重視安全的船長一定可以帶給遊客們完美的水上活動，安全在帆船航行中是非常重要的一件事，在帆船上雖然可以開心的玩樂，但安全永遠擺在第一位。若沒有隨時保持警惕的話，是非常危險的，所以希望大家在帆船上遊玩時，一定要隨時注意自己的安全唷！

除了救生筏和救生衣外，當船上有緊急危難發生時，帆船上也配有可以向附近船隻或岸

▲ 上：帆船上的 VHF 無線電通信裝置
下：VHF 無線電通信裝置的 Distress 鍵

上通報的工具──VHF無線電通信裝置。而VHF裝置通常都設定在頻道16上，因為國際海事組織將頻道16作為海上遇險（Distress）、緊急（Urgency）與安全（Safty）通信的專屬頻道。

假如遇到了緊急危難，船長和船員都落水了怎麼辦？光想到這個情況我就覺得非常緊張了，但凱文哥平靜的說：「當這種情況發生時，在船上的遊客並不能感到驚慌，有人要先拋救生圈給落水人員，要有人去操作VHF裝置，最簡單的操作方式就是按下Distress鍵，船方都有將求救信號依MMSI的規格燒錄在VHF系統內，按下Distress鍵後，它會將帆船的位置和救援信號一直不斷地發送給附近的船隻及岸上，接著就是等待救援，最重要的就是不要慌張。」MMSI為「水上行動業務識別號碼」作為一般通信、遇險與安全通信時，自動表示船隻身分以供識別。

▲ 遠平號內艙的天窗

▲ 遠平號內的主臥房

▲ 遠平號的客房

▲ 遠平號內的廚房

▲ 遠平號內艙的廁所

　　遠平號限承人數是10人，10人包含船長及水手。了解船上的安全規範後，馬上進入大家都很期待的帆船內裝，船艙雖然小，但內裝卻很精緻，臥室、廁所、沙發、廚房一應俱全。船內有一個天窗，讓陽光可以灑進船艙內，在室內也能晒到微微的陽光真好。

　　遠平號內也有廚房，雖然只有一些比較簡易的廚房用具，但是在帆船裡面，這些已經足夠了。

　　最後要介紹的設施就是廁所，帆船的廁所設備跟岸上大不相同。船上的廁所在沖水時，需先拉馬桶旁的手把，先左邊拉20下，右邊拉30下。在遊客上船時，船長就會先跟遊客講好廁所要怎麼使用，這不僅能讓每位遊客在航程中都有乾淨的廁所環境，也可以避免因旅客誤用，導致船方清潔管路的不便。介紹完安全措施以及帆船內裝後，我們就要從碼頭準備出發啦！

一開航，凱文哥就繼續問我們剛剛的問題，如果船長和船員都掉到水裡面怎麼辦，除了剛說的去按VHF系統的按鈕之外，駕駛區旁邊還有一個小把手，要用力地將把手扳到停止的位置，讓引擎停止運

▲ 關閉引擎的把手

作，這樣船長和船員就比較有機會可以游回船上喔！

　　凱文哥還一直提醒我們，任何需要站起來移動的動作，就必須要當個長臂猿，也就是每個人的雙手一定要抓著不管是桿子還是繩子。如果兩隻手都沒有抓緊的話，旅客將會隨著船的搖擺，搖啊搖地被晃出去喔！即使是天氣晴朗的狀態，這個注意事項還是不能輕忽的！

▼ 帆船上的桿子與繩子

帆船駛出泊位後，我們都迫不及待地往船首衝，每個人都當起了長臂猿，慢慢的走到船頭，出防波堤之後的海浪變大了，而且在船首比起船艉更容易感覺到帆船搖晃唷！這時我們要跟著帆船晃動，才不會暈船。講到這讓我們想唱一首歌「音浪，太強！不晃，會被撞到地上！」。

過沒多久，我們就看到潮境公園與基隆嶼了。從海上看陸地，多麼難得的經驗呀！

不過，這並不是我們的最終目的地，那凱文哥到底要帶我們去到哪裡呢？慢慢的我們居然從基隆來到了新北市的深澳，因為我們看到了鼎鼎大名的酋長岩和象鼻岩！

有沒有看到大象背上的人點啊！凱文哥慢慢的把船開到象鼻岩附近，象鼻岩上面的人和我們，你看我、我看你，我們還很熱情的跟他們打招呼。

▲ 上：帆船船首前一隅
　　下：乘坐帆船從海上看潮境公園

▼ 乘坐帆船從海上看象鼻岩

在我們興奮的跟象鼻岩的人打招呼之餘，凱文哥就跟我們介紹帆船還可以怎麼玩，在象鼻岩下錨之後可以玩獨木舟、SUP（站立式划板）、香蕉船、游泳還有浮潛等等，在玩水的過程中也必須注意安全，所以一定會讓遊客穿上救生衣，避免不小心落水後才容易讓人發現，並且及時救援！

這次我們搭乘的遠平號是「動力帆船」，除了可以靠引擎動力前進，也可以靠風力前進。去程時，我們是靠引擎的動力，但是既然我們都搭帆船了，怎麼能錯過利用風帆前進的機會呢！凱文哥讓我們每個人都去試著開啓風帆並掌舵，體驗開帆船的感覺。

在換我接手掌舵之前超級害怕的，因為我沒有任何開船的經驗，朋友們也都為此捏了超多把冷汗，一直喊「左邊！左邊！不對，太多了！回正！」，搞得我超級緊張，但是開船真的超級有趣！

開到快回到碼頭的時候，我們才捨得把掌舵權還給凱文哥，讓凱文哥慢慢的開回碼頭，因為開船真的是太好玩了！我們都想去學開帆船，然後考張動力小船的證照，就可以自己開帆船出去玩了！

其實帆船是一個靠天吃飯的水上活動，如果天氣不好、海況不佳，你的帆船體驗可能會不太開心。不過，如果你跟我們一樣有好運氣，遇上一次有大太陽又風平浪靜的好天氣，帆船絕對會是你想一玩再玩的水上活動！基隆真的是一個可以好好玩、認真體驗帆船活動的好水域，用帆船結合其他的海上休閒設施（SUP、潛水等）真的是人間樂事。我們向你真心推薦，如果有機會體驗到帆船的話，絕對不能錯過！從事這些活動一定要注意安全，我們這次的旅程非常完美，也歡迎大家一起來體驗帆船喔！

▲ 上：帆船上可拉開的風帆
　下：體驗掌舵

國家圖書館出版品預行編目資料

悠活八斗子生態之旅／王彙喬著. -- 初版.
-- 臺北市：五南，2019.11
　　面；　　公分.

ISBN 978-957-763-522-8(平裝)
1.生態旅遊 2.人文地理 3.基隆市
733.9/105.6　　　　　　　　108011672

1LAL

悠活八斗子生態之旅

作　　　者 ─ 王彙喬
發 行 人 ─ 楊榮川
總 經 理 ─ 楊士清
總 編 輯 ─ 楊秀麗
主　　編 ─ 李貴年
責任編輯 ─ 何富珊
採訪助理 ─ 余健威、吳宣諭、吳映涵、宋宜芳、李宜鴻
　　　　　　李苗羽、林俊佑、林晉賢、林稚宸、洪郁婷
　　　　　　洪敏晞、張心綾、張欣宜、張清堯、張慧玲
　　　　　　梁凱瑞、符芷婕、郭容安、郭閎睿、陳任妤
　　　　　　陳昱安、陳柏任、陳浩洋、陳偉哲、麥又文
　　　　　　黃子加、黃俊銘、黃浩晹、黃詩喬、楊騏勳
　　　　　　劉芷吟、潘柔諭、羅萬財、鄭涵文、蕭欣婷
　　　　　　蕭　媗、顏煜叡、魏子翔、蔡　瀛
內頁排版 ─ 何富珊
封面設計 ─ 姚孝慈
出 版 者 ─ 五南圖書出版股份有限公司
地　　　址：106台北市大安區和平東路二段339號4樓
電　　　話：(02)2705-5066　　傳　　真：(02)2706-6100
網　　　址：http://www.wunan.com.tw
電子郵件：wunan@wunan.com.tw
劃撥帳號：01068953
戶　　　名：五南圖書出版股份有限公司
法律顧問　林勝安律師事務所　林勝安律師
出版日期　2019年11月初版一刷
定　　　價　新臺幣350元